C.H.BECK █ **WISSEN**

in der Beck'schen Reihe

W0039962

Am 7. November 1938 schoss Herschel Feibel Grynszpan in der deutschen Botschaft in Paris auf den Diplomaten Ernst vom Rath, der seinen Verletzungen kurz darauf erlag. Das Attentat wurde zum Vorwand für eine beispiellose Welle der Gewalt gegen Hunderttausende deutscher Juden vor aller Augen in sämtlichen Teilen des Deutschen Reichs. Nahezu alle Synagogen wurden angezündet, Geschäfte geplündert und zerstört, Männer und Frauen öffentlich gedemütigt und gequält. Über 30 000 jüdische Männer wurden in Konzentrationslager verschleppt. Eine Phase der blanken ökonomischen Erpressung folgte. Mit dieser Zäsur offenbarte sich die Gewaltbereitschaft der Nationalsozialisten. Der ausagierte Antisemitismus beflügelte gleichsam die Phantasie. Zahlreiche hohe Beamte und Funktionäre des NS-Staats schlugen in der Folge weit radikalere Maßnamen vor und wurden zu Mördern, zu Massenmördern.

Raphael Gross beschreibt und analysiert die Novemberpogrome anhand vieler zeitgenössischer Stimmen. Ihm gelingt es, Geschichte und Folge des Attentats in einen neuen Kontext zu stellen und durch seinen Blick auf die sich aufbauende Stimmung innerhalb der NS-Führung den inneren Zusammenhang der Pogrome mit dem Holocaust aufzuzeigen.

Raphael Gross, Prof. Dr., leitet das Leo Baeck Institute in London, ist Direktor des Jüdischen Museums in Frankfurt am Main und des Fritz Bauer Instituts. Er ist Herausgeber des *Leo Baeck Institute Year Book*, hat zahlreiche Veröffentlichungen zur deutsch-jüdischen Geschichte vorgelegt und *Novemberpogrom 1938. Die Augenzeugenberichte der Wiener Library* mitherausgegeben (Frankfurt a. M. 2008).

Raphael Gross

NOVEMBER 1938

Die Katastrophe vor der Katastrophe

Verlag C. H. Beck

Originalausgabe
© Verlag C. H. Beck oHG, München 2013
Satz: Fotosatz Amann, Aichstetten
Druck und Bindung: Druckerei C. H. Beck, Nördlingen
Umschlagentwurf: Uwe Göbel, München
Umschlagabbildung: Brennende Synagoge in Bielefeld;
© akg-images/Hans Asemissen
Printed in Germany
ISBN 978 3 406 65470 1

www.beck.de

Inhalt

Prolog
Novemberpogrome 1938
Das Ende der deutsch-jüdischen Epoche

Das Jahr 1938 war für die noch in Deutschland lebenden Juden katastrophal verlaufen. Der deutsch-jüdische Romanist Victor Klemperer notierte Silvester 1938: «Ich las gestern flüchtig das Tagebuch 1938 durch. Das Résumé von 37 behauptet, der Gipfel der Trostlosigkeit und des Unerträglichen sei erreicht. Und doch enthält das Jahr, mit dem heutigen Zustand verglichen, noch soviel Gutes, soviel (alles ist relativ!) Freiheit.» Denn bis Anfang Dezember 1937 hatte Klemperer noch Zugang zur Bibliothek. Im folgenden Jahr ging es dann immer deutlicher abwärts: «Erst der österreichische Triumph. [...] Dann im September die gescheiterte Hoffnung auf den erlösenden Krieg. Und dann eben der entscheidende Schlag. Seit der Grünspanaffaire das Inferno.» Über viele Stufen hinab war Klemperer in die Hölle gelangt: vom «Anschluss» Österreichs an Nazideutschland im März 1938 über das Münchner Abkommen vom 30. September bis zu den Novemberpogromen, der «Reichskristallnacht», für die das Attentat von Herschel Grynszpan auf den deutschen Diplomaten Ernst vom Rath als Vorwand diente. Und doch befürchtete Klemperer noch Schlimmeres: «Die relative Ruhe der letzten Wochen darf nicht täuschen: in ein paar Monaten sind wir hier zuende – oder die andern. In der letzten Zeit habe ich nun wirklich alles Menschenmögliche versucht, um hier herauszukommen: das Verzeichnis meiner Schriften und meine SOS-Rufe sind überallhin gegangen: nach Lima, nach Jerusalem, nach Sidney, an die Quäker in Livingstone.» Klemperer sitzt Silvester 1938 in der Falle. Trotz zahlreicher internationaler Kontakte gelingt es ihm nicht, ein Angebot aus dem Ausland zu bekommen. Bald ist sein einziger Schutz die Ehe mit der Nichtjüdin Eva.

Auch für die bereits emigrierten deutschen Juden waren die jüngsten Vorgänge in Deutschland erdrückend präsent. Der Philosoph Theodor W. Adorno schrieb am 1. Februar 1939 aus New York an seinen im französischen Exil lebenden Freund und Kollegen Walter Benjamin: «Ich weiß nicht, ob Ihnen bekannt ist, wie schwer meine Eltern in Mitleidenschaft gezogen sind. Es gelang zwar, meinen Vater aus dem Gefängnis herauszubekommen, aber er erhielt bei dem Pogrom eine Verletzung an seinem ohnehin schon leidenden Auge; scine Büroräume wurden demoliert und kurze Zeit danach ihm das freie Verfügungsrecht über sein ganzes Vermögen entzogen. Auch meine Mutter, die 73 Jahre alt ist, befand sich zwei Tage in Schutzhaft.» Er habe für seine Eltern inzwischen die Einreiseerlaubnis für Kuba erwirken können, so Adorno. «Aber daß wir nach wie vor aufs äußerste beunruhigt sind, solange sie sich noch in dem grauenvollen Lande befinden, bedarf keiner Erwähnung.» Adorno beließ es nicht bei der persönlichen Schilderung, sondern warnte den Freund auch, dass es womöglich zum Krieg komme. Doch Benjamin sollte es nach Ausbruch des Zweiten Weltkriegs nicht mehr gelingen, in die USA zu emigrieren. Auf der Flucht vor den Nationalsozialisten nahm er sich im September 1940 nahe dem spanisch-französischen Grenzort Portbou das Leben.

Die Perspektive der NS-Führung auf die Ereignisse von 1938 war natürlich eine ganz andere. Als besonders triumphal erschien das Jahr dem «Judenreferenten» im Auswärtigen Amt, Legationsrat Dr. Emil Schumburg. «Es ist wohl kein Zufall», bemerkte Schumburg in einem an alle deutschen Botschaften und Konsulate gerichteten Rundschreiben, «daß das Schicksalsjahr 1938 zugleich mit der Verwirklichung des großdeutschen Gedankens die Judenfrage ihrer Lösung nahegebracht hat.» So seien nach dem Anschluss Österreichs schnell Maßnahmen zur «Ausschaltung des Judentums aus der deutschen Wirtschaft» und zum «Einsatz des jüdischen Vermögens im Interesse der Allgemeinheit» ergriffen worden. Zufrieden stellte der Diplomat fest: «Die als Vergeltung für die Ermordung des Gesandtschaftsrats vom Rath einsetzende Aktion hat diesen Prozeß so beschleunigt, daß der jüdische Einzelhandel [...] im Straßenbild völlig

verschwunden ist. Die Liquidierung der jüdischen Großhandels-
und Fabrikationsbetriebe und des Haus- und Grundbesitzes in
der Hand von Juden wird allmählich so weit gefördert, daß in
absehbarer Zeit von jüdischem Besitz in Deutschland nicht mehr
gesprochen werden kann.» Das Hauptziel der deutschen «Judenpolitik», erklärte Schumburg weiter, sei nun die «Auswanderung aller im Reichsgebiet lebenden Juden». Was dies für die
Außenpolitik bedeute, benannte der Diplomat, der 1949 von einem Entnazifizierungshauptausschuss in Hannover als «passi-
ves Mitglied» der SS entlastet wurde, klar: «In Nordamerika, in
Südamerika, in Frankreich, in Holland, Skandinavien und Grie-
chenland – überall, wohin sich der jüdische Wanderungsstrom
ergießt, ist bereits heute eine deutliche Zunahme des Antisemitismus zu verzeichnen. Diese antisemitische Welle zu fördern,
muß eine Aufgabe der deutschen Außenpolitik sein.»

Nationalsozialistische Propagandablätter drückten sich Ende
1938 knapper aus. So lautete der höhnische Rückblick im *Deutschen Volksblatt*, einer in Wien erscheinenden Zeitung, am
30. Dezember 1938: «Bilanz der Ostmark: 70 000 Juden weniger!! 230 000 müssen noch hinaus!»

In dem von Reinhard Heydrich geleiteten Sicherheitsdienst
der NSDAP, dem sogenannten SD, wurde das Jahr 1938 genau
rekapituliert. Aus verschiedenen Städten sind «Jahresberichte»
überliefert, die die Entwicklungen aus Sicht der NSDAP schil-
dern. In Berlin verfasste die Abteilung II 112 des SD-Haupt-
amts, das von Adolf Eichmann aufgebaute «Judenreferat», eine
Jahresübersicht. Darin heißt es: «In der Entwicklung der Judenfrage im Reichsgebiet im Jahre 1938 sind zwei deutliche Ab-
schnitte erkennbar. Das erste Stadium umfaßt die Zeit vom
1. Januar bis zum 8. November, das zweite die Zeit vom 10. November bis 31. Dezember. Während im ersten Stadium versucht
wurde, die Judenfrage auf verordnungs- und gesetzmäßigem
Wege endgültig dadurch zu regeln, daß die Juden aus sämtlichen Berufen ausgeschlossen wurden [...], wurde das gesamte
Problem nach dem revolutionären Akt vom 9. 11. auf den 10.
11. völlig neu aufgerollt.» Mit dem «revolutionären Akt» waren die Novemberpogrome gemeint.

Der Romanist Victor Klemperer, der Philosoph Theodor W. Adorno, die Informanten des Sicherheitsdiensts der NSDAP und der Diplomat Emil Schumburg blickten alle auf das Jahr 1938 zurück und fällten ihr Urteil. Keiner von ihnen konnte wissen, dass Deutschland weniger als neun Monate später mit dem Überfall auf Polen den Zweiten Weltkrieg beginnen würde. Keiner von ihnen wusste zu diesem Zeitpunkt, dass die Katastrophe des Jahres 1938 für die Juden Europas erst der Auftakt zu einer noch viel größeren Katastrophe sein sollte: der systematischen Ermordung von Millionen europäischer Juden durch Wehrmacht, SS, deutsche Polizei und ihre Helfer in den Jahren 1941 bis 1945, heute meist als «Holocaust», «Shoah» oder «Churban» bezeichnet. Gerade deshalb sind ihre Berichte von besonderer Bedeutung. Sie zeigen die zeitgenössischen Perspektiven auf die Ereignisse, die nicht durch unser Wissen um die Shoah bestimmt sind.

Das Jahr 1938 steht für eine neue Dimension der Gewalt gegen Juden, für den Übergang von der Diskriminierung und Entrechtung zur systematischen Verfolgung, Beraubung und Vertreibung. Massiv waren die öffentlichen Gewaltexzesse schon in Wien, beim sogenannten Anschluss Österreichs am 12. März 1938. Den Einmarsch deutscher Soldaten, Polizisten und SS-Männer begleiteten heftige antisemitische Ausschreitungen. Weltbekannt geworden sind die Bilder von Jüdinnen und Juden, die in aller Öffentlichkeit dazu gezwungen wurden, mit Zahnbürsten Parolen von Wiener Bürgersteigen zu entfernen. Wenige Monate später wurden während der sogenannten Juni-Aktion über 1500 jüdische Männer verhaftet und in die Konzentrationslager Buchenwald, Dachau und Sachsenhausen verschleppt, wo sie brutalsten Misshandlungen ausgesetzt waren. Und schließlich die «Reichskristallnacht». Was im November 1938 in Deutschland geschah, ist von so großer Bedeutung, dass es nicht nur aus der Perspektive der Shoah untersucht werden sollte. Es soll hier als Ereignis für sich beschrieben werden. In der deutschen Geschichte gibt es nichts, was mit den Pogromen im November 1938 vergleichbar wäre. Niemals zuvor oder danach wurde das staatliche Gewaltmonopol in aller Öffentlichkeit in die Hände einer antisemitischen «Volksgemeinschaft» gelegt. Niemals zuvor oder danach standen Hunderttausende Jüdinnen und Juden einer derart aufgehetzten Bevölkerung gegenüber und mussten Schläge und Erniedrigungen, Totschlag und Mord, die Zerstörung ihrer Häuser, Geschäfte und Wohnungen erleiden.

Nach 1945 hat es Jahrzehnte gedauert, bis das Ereignis in seiner historischen Bedeutung die gebührende Beachtung fand. Heute liegen uns umfangreiche zeitgeschichtliche Studien vor, darunter eine Vielzahl von Regionalstudien. Allerdings wird, was im November 1938 geschah, in der historischen Forschung mit unterschiedlichen Begriffen gefasst: Reichskristallnacht, Kristallnacht, Pogromnacht, Novemberpogrom, Reichspogromnacht, Novemberpogrome. Im angelsächsischen Raum hat sich der Begriff «Kristallnacht» eingebürgert. Im deutschsprachigen Diskurs wird häufig von der «Reichspogromnacht» gesprochen. Damit soll der Begriff der Kristallnacht vermieden werden, der als beschönigend, ja zynisch kritisiert wird – als seien damals nur Fensterscheiben zu Bruch gegangen. Doch die Neuschöpfung «Reichspogromnacht» suggeriert ebenso, dass es sich nur um die Ereignisse einer Nacht handelte. Tatsächlich begannen die Pogrome aber in einigen Regionen schon am 7. und 8. November und dauerten auch nach der Nacht vom 9. auf den 10. November, der «Reichskristallnacht», noch an. Vereinzelt kam es bis zum 13. November zu Angriffen gegen Juden. Auch die Massenverhaftungen jüdischer Männer, die ab dem 10. November einsetzten, geraten bei der Bezeichnung Reichspogromnacht aus dem Blick. Daher wird im Folgenden der Begriff Novemberpogrome bevorzugt, der Umfang und Dauer der Ausschreitungen eher entspricht. Aber auch der quellennahe Begriff Reichskristallnacht wird verwendet, wenn es um die Pogromnacht vom 9. auf den 10. November geht. Die Begriffe sollen uns helfen, die historischen Ereignisse im November 1938 zu verstehen, sie können sie jedoch nie vollständig erfassen – das vermag höchstens das historische Narrativ. Und auch dieses wird immer nur eine Annäherung bleiben.

Die Novemberpogrome bildeten ein eigenes Kapitel nationalsozialistischer «Judenpolitik». Und sie waren ein öffentlicher Vorgang, kein Geheimnis – eine erste Katastrophe vor der Katastrophe. Durch ihren öffentlichen Charakter stellten sie in gewisser Weise den sichtbarsten Teil dessen dar, was später Holocaust oder Shoah genannt wurde. Die vom NS-Regime organisierten Gewalttätigkeiten geschahen unter Beteiligung von etwa zehn Prozent der deutschen Bevölkerung, und durch die breite internationale Berichterstattung geschahen sie gleichsam vor den Augen der ganzen Welt. Nahezu sämtliche jüdischen Gotteshäuser in Deutschland wurden angezündet, Geschäfte mit jüdischen Inhabern geplündert und zerstört, Männer und Frauen öffentlich gequält und gedemütigt. Mehr noch als das Jahr 1933 und die sogenannte Machtergreifung Hitlers bildet daher der November 1938 eine Zäsur in der jüdischen Geschichte. 1938 fand die mit der Aufklärung einsetzende deutsch-jüdische Epoche ihr gewaltsames Ende.

1. Herschel Grynszpan

Am 7. November 1938 schoss ein verzweifelter jüdischer Jugendlicher, Herschel Feibel Grynszpan, in der deutschen Botschaft in Paris fünf Mal auf den Diplomaten Ernst Eduard vom Rath. Zwei Kugeln trafen vom Rath, der seinen Verletzungen kurz darauf erlag. Das Attentat wurde zum Vorwand für eine beispiellose Welle der Gewalt gegen Hunderttausende deutscher Jüdinnen und Juden sowie gegen ihre Wohnungen, Geschäfte und Synagogen in sämtlichen Teilen des Deutschen Reichs. Die Pogrome begannen noch am selben Tag und erreichten in der Nacht vom 9. auf den 10. November, der sogenannten Reichskristallnacht, ihren Höhepunkt.

Trotz der unvorhersehbaren historischen Bedeutung des Attentats wurden weder der genaue Tathergang noch die Hintergründe der Tat jemals vollständig aufgeklärt. In Frankreich und ab Mitte 1940 im Deutschen Reich bereitete man Gerichtsverfahren gegen den Attentäter vor; es kam aber nie zu einer Verhandlung. Vielleicht kursieren gerade wegen der historischen Aufladung des Geschehens in der deutschen Botschaft bis heute verschiedene Darstellungen über das Attentat, seine Vorgeschichte und das spätere Schicksal des Attentäters.

Auch der zur Tatzeit gerade erst 17-jährige Herschel Grynszpan machte unterschiedliche Aussagen. Unmittelbar nach der Tat erklärte er gegenüber französischen Ermittlern, er habe wegen der Deportation seiner Eltern und der Unterdrückung der Juden auf einen «schmutzigen Deutschen» geschossen und zuvor gesagt: «Es genügt nicht, dass die Juden in Deutschland so leiden und in die Konzentrationslager geworfen werden, jetzt vertreibt man sie wie gemeine Hunde.» Am Tag darauf bekannte er gegenüber dem Untersuchungsrichter: «Ich lege jedoch darauf Wert, Ihnen zu erklären, dass ich weder aus Hass noch aus Rache, sondern aus Liebe zu meinem Vater und meinem Volk handelte, die unerhörte Leiden ausstehen. Ich bedaure sehr, einen Menschen verletzt zu haben, aber ich hatte keine anderen Mittel, meinen Willen auszudrücken.»

Empörung und Wut über die antisemitischen Entrechtungs- und Vertreibungsmaßnahmen der Nazis waren demnach sein Motiv gewesen. Als Grynszpan im Juli 1940 von den französischen Behörden an Deutschland ausgeliefert wurde, tauchte plötzlich ein anderes Motiv mitsamt einer neuen Vorgeschichte auf. Nun behauptete er, ein homosexuelles Verhältnis zu vom Rath gehabt und diesen wegen des nicht eingelösten Versprechens, der Familie in Deutschland zu helfen, erschossen zu haben. Der Wandel in der Begründung für seine Tat erklärt sich wohl aus prozesstaktischen Gründen: Für den von Propagandaminister Goebbels und Reichsaußenminister Joachim von Ribbentrop gewünschten Schauprozess war ein Racheakt im homosexuellen Milieu der deutschen Botschaft ein denkbar ungünstiges Szenario. Ging es den Nationalsozialisten doch darum, vom Rath propagandistisch zur Lichtgestalt zu verklären und als Opfer einer internationalen jüdischen Verschwörung hinzustellen. Der für das Propagandaministerium tätige Wolfgang Diewerge schrieb daher bereits am 8. November

1938 im *Völkischen Beobachter*: «Die Schüsse in der Deutschen Botschaft in Paris werden nicht nur den Beginn einer neuen Haltung in der Judenfrage bedeuten, sondern hoffentlich auch ein Signal für diejenigen Ausländer sein, die bisher nicht erkannten, dass zwischen der Verständigung der Völker letzten Endes nur der internationale Jude steht.»

Die Behauptung einer jüdischen Weltverschwörung stand von Anfang an im Zentrum nationalsozialistischer Reaktionen auf das Attentat. Keinesfalls, so sollte suggeriert werden, war dieser Anschlag nur gegen Deutschland und seine zunehmend brutale Judenpolitik gerichtet, vielmehr handelte es sich um ein vom Weltjudentum gegen alle nichtjüdischen Völker angezetteltes Komplott. Diese offensichtlich nicht zu belegende These versuchte Diewerge mit seinem 1939 erschienenen Buch *Anschlag gegen den Frieden. Ein Gelbbuch über Grünspan und seine Helfershelfer* zu stützen.

Die propagandistische Zielrichtung des offiziellen NS-Apparates ist also deutlich geworden. Wer aber war Herschel Grynszpan, den bis heute, einer Verordnung von Goebbels aus dem Jahre 1938 folgend, viele Autoren weiterhin Grünspan nennen? Und was hat seine Tat ausgelöst?

Austreibung ohne Einwanderung:
Die «Polenaktion»

Herschel Grynszpan kam aus einer polnisch-jüdischen Familie, die schon seit 1911 in Deutschland lebte; seine Eltern, Sendel und Ryfka Grynszpan, geborene Silberberg, waren vor den Pogromen im Zarenreich aus dem Westen Russlands geflohen. Nach der im Versailler Vertrag besiegelten Unabhängigkeit Polens hatten beide die polnische Staatsangehörigkeit angenommen. Herschel Grynszpan kam als das sechste Kind des Ehepaars am 28. März 1921 in Hannover zur Welt. Ohne jemals die deutsche Staatsbürgerschaft zu besitzen, hat er ausschließlich in Deutschland gelebt. Drei seiner Geschwister starben in jungen Jahren, eines bei der Geburt, die beiden anderen im Kleinkindalter an Scharlach und bei einem Autounfall. Herschel wuchs zusammen mit seiner Schwester Ester Beile (Berta) und seinem Bruder Marcus auf. Der Vater war seit 1918 selbstständig als Schneider in Hannover tätig. Während der Rezession in den Jahren 1929 bis 1934 hielt er die Familie mit einem Altwarenhandel über Wasser. Zeitweise mussten die Grynszpans auch von der Wohlfahrt leben.

Im Jahre 1935 verließ Herschel Grynszpan die Volksschule in Hannover und besuchte eine der drei damals in Frankfurt am Main existierenden Thora-Lehranstalten, die vom Gemeinderabbiner Dr. Jakob Hoffmann geleitete Jeschiwa in der Theobaldstraße 6. Das Ausbildungsziel dieser Schule bestand nach eigener Darstellung darin, «talmudische Wissenschaft auf gesetzestreuer Grundlage durch systematischen Unterricht zu pflegen». Angestrebt wurde die «Heranbildung von Gemeindebeamten, wie Rabbinatsassistenten, Talmudlehrern, Schochtem (Schächtern) und Kantoren, die durch ein umfassendes talmudisches Wissen die Gewähr für eine traditionelle gesetzestreue Gestaltung der jüdischen Lebensverhältnisse, insbesondere in Landgemeinden und kleinen Städten bieten». Ebenfalls 1935 schloss sich Grynszpan der religiös-zionistischen Gruppierung Mizrachi an. Im Sommer 1936 verließ er das nationalsozialistische Deutschland und ging zunächst zu seinem Onkel Wolff Grynszpan nach Brüssel. Von dort aus reiste er illegal nach Frankreich ein und kam in Paris bei einem weiteren Onkel, Abraham Grynszpan, unter; der genaue Zeitpunkt der Einreise ist bis heute unklar. Wie schon sein Beitritt zur zionistischen Mizrachi vermuten lässt, versuchte Grynszpan nach Palästina auszuwandern, jedenfalls lautete so seine offizielle Begründung für die Ausreise nach Belgien gegenüber den deutschen Behörden. Arbeit fand er weder in Brüssel noch in Paris, wo er sich vergeblich um eine Aufenthaltsgenehmigung bemühte.

Die Situation der Eltern und Geschwister Grynszpans verschärfte sich 1938, da sie keine deutschen Staatsbürger waren und ihre polnische Staatsangehörigkeit zu verlieren drohten. Das polnische Parlament hatte nämlich am 31. März 1938 ein Gesetz beschlossen, das die Möglichkeit vorsah, polnischen Staatsbürgern, die sich länger als fünf Jahre ununterbrochen im

Ausland aufhielten und daher, so hieß es, keinerlei Verbindung zur polnischen Nation mehr besäßen, die Staatsbürgerschaft zu entziehen. Obschon neutral formuliert, handelte es sich um eine gegen Juden gerichtete politische Maßnahme. So drohte der Familie Grynszpan, die bereits seit Jahrzehnten in Deutschland lebte, die Gefahr der Staatenlosigkeit, denn bei dem allfälligen Entzug der polnischen Staatsbürgerschaft hätten sie im nationalsozialistischen Deutschland keinesfalls mit dem Erhalt der deutschen rechnen können.

Auch für Herschel Grynszpan verschärfte sich die Situation. Ab dem 1. April 1937 hatte er kein gültiges Visum mehr, um nach Deutschland zurückzukehren. Eine Aufenthaltsgenehmigung für Frankreich besaß er aber ebenso wenig. Sein polnischer Pass verlor zudem am 7. Februar 1938 seine Gültigkeit. Ohne gültigen Pass, ohne Erlaubnis, nach Deutschland einzureisen, und ohne Aufenthaltsbewilligung lebte er nun als deutsch-polnisch-jüdischer Staatenloser in Paris.

In der französischen Hauptstadt hielt sich damals noch eine andere Staatenlose auf, die bereits 1933 aus Deutschland emigriert war: Hannah Arendt. 1937 war ihr die deutsche Staatsbürgerschaft aberkannt worden. Dennoch wurde sie im Mai 1940 als «feindliche Ausländerin» im südfranzösischen Lager Gurs interniert – nach vier Wochen konnte Arendt von dort fliehen. Sarkastisch bemerkte sie später in ihrem Essay «Wir Flüchtlinge», dass die Zeitgeschichte eine neue Gattung von Menschen hervorgebracht habe, nämlich solche «die von ihren Feinden ins Konzentrationslager und von ihren Freunden ins Internierungslager gesteckt werden». In ihrem klassischen Werk *Elemente und Ursprünge totaler Herrschaft* (1955) beschrieb Arendt eindringlich die Lage der Staatenlosen in Europa in der ersten Hälfte des 20. Jahrhunderts. Sie ging auf ihre Entrechtung ein und zeigte, wie der Begriff der «Menschenrechte» durch die Vertreibungsmaßnahmen und den Umgang mit den «Staatenlosen» systematisch geschwächt, entleert, ja bedeutungslos gemacht wurde.

Die Vertreibungen, gerade die antisemitischen der Nazis, hatten in dieser Hinsicht durchaus planmäßigen Charakter. Sie zielten auf die Entwertung der Menschenrechte, die Abwertung der Flüchtlinge und Vertriebenen. So betonte das Auswärtige Amt im Januar 1939 in einem Rundbrief an sämtliche deutschen Stellen im Ausland, dass es nicht nur darum gehe, die Juden loszuwerden, sondern auch darum, den Antisemitismus in die westlichen Länder zu tragen, in denen Juden Zuflucht gefunden hatten. Deutschland sei an der Vertreibung der Juden auch deshalb interessiert, weil sie die beste Propaganda für die gegenwärtige deutsche Judenpolitik bilde. Ausdrücklich wurde darauf hingewiesen, dass es im deutschen Interesse liege, die Juden als Bettler über die Grenzen zu jagen, denn je ärmer die Einwanderer seien, desto mehr seien sie eine Last für das Gastland.

Nach dem Münchner Abkommen vom 30. September 1938 verschlechterten sich die deutsch-polnischen Beziehungen zusehends. Deutschland forderte etwa die Eingliederung der Freien Stadt Danzig in das Deutsche Reich, und Polen fürchtete, dass die dort lebenden polnischen Juden ausgewiesen werden. So erließ das polnische Innenministerium eine Verordnung, die darauf abzielte, im Ausland lebenden polnischen Juden die Staatsangehörigkeit zu entziehen. Polnische Staatsbürger mussten ihre Pässe in den Konsulaten zur Kontrolle vorlegen. Wer bis zum 29. Oktober 1938 keinen Kontrollvermerk im Pass vorweisen konnte, wurde automatisch staatenlos – und Polen konnte völkerrechtlich nicht mehr gezwungen werden, die Staatenlosen aufzunehmen.

Jetzt spitzte sich die Lage für die polnischen Juden in Deutschland immer mehr zu, auch für die Familie von Herschel Grynszpan. Die Grynszpans gehörten zu den 15 000 bis 17 000 polnischen Juden, die nur Stunden vor Ablauf der polnischen Frist in zahlreichen deutschen Städten verhaftet wurden. Von Sammelstellen aus wurden sie in Zügen an die deutsch-polnische Grenze nach Zbąszyń (Bentschen) deportiert. Anfangs ließen die polnischen Grenzschützer die Züge verdutzt passieren, doch sobald die polnischen Behörden begriffen, was hier passierte, sperrten sie die Grenze. Und so strandeten Tausende Deportierte im Niemandsland und irrten umher, bis sie schließlich doch nach Polen einreisen konnten. Die Eltern und Geschwister von Herschel

Grynszpan fanden zunächst in einem Barackenlager Unterschlupf, welches von einem jüdischen Hilfskomitee notdürftig errichtet worden war.

Herschel Grynszpan erfuhr vom Schicksal seiner Familie einige Tage später.

Am 3. November erreichte ihn in Paris eine Postkarte seiner Schwester Beile, die über ihre Deportation berichtete:

> Du hast gewiß von unserem großen Unglück gehört. Ich beschreibe Dir, was passiert ist. Donnerstag abend waren Gerüchte im Umlauf, daß alle polnischen Juden einer Stadt ausgewiesen worden waren. Dennoch sträubten wir uns, das zu glauben. Am Donnerstag abend um 9 Uhr ist ein Schupo zu uns gekommen und hat uns erklärt, daß wir uns unter Mitnahme der Pässe zum Polizeirevier begeben sollten. So wie wir waren, sind wir alle zusammen in Begleitung des Schupos zum Polizeirevier gegangen. Dort fand sich schon fast unser ganzes Stadtviertel zusammen. Ein Polizeiauto hat uns sofort zum Rathaus gebracht. Alle sind dort hingebracht worden. Man hatte uns noch nicht gesagt, um was es sich handle. Aber wir haben gesehen, daß es mit uns aus war.
>
> Man hat jedem von uns einen Ausweisungsbefehl in die Hand gesteckt. Man sollte Deutschland vor dem 29. verlassen. Man hat uns nicht mehr erlaubt, wieder nach Hause zu gehen. Ich habe gebettelt, daß man mich nach Hause gehen ließe, um wenigstens einige Sachen zu holen. Ich bin dann in Begleitung eines Schupos fortgegangen und habe die notwendigsten Kleidungsstücke in einen Koffer gepackt. Das ist alles, was ich gerettet habe. Wir haben keinen Pfenning.

Später wird Beile Grynszpan ihrem Bruder noch Folgendes berichten – die Nachricht erhält er allerdings erst nach dem Attentat: «Freitag abend um 9 ½ Uhr sind wir von Hannover abgefahren. Es war ein Schreien und Klagen. Das hätte die Toten wieder erwecken können. Aber unser Schreien hat zu nichts genützt. Sonnabendmorgen hat man uns auf freier Strecke aussteigen lassen. Die Art und Weise, auf die man uns durch Wälder und Felder jagte, war ein nervenzerreißendes Schauspiel.»

Die Schwester beschrieb die am eigenen Leib erfahrene, später als «Polenaktion» bezeichnete brutale Massenvertreibung polnischer Juden aus Deutschland. Die Nachricht führte zu

Spannungen zwischen dem offensichtlich schwer getroffenen Herschel und seinem Onkel Abraham, der nicht sofort bereit war, Geld an einen unbekannten Ort zu schicken, um der Familie seines Bruders zu helfen. Mit 320 Francs in der Tasche verließ Herschel Grynszpan schließlich am 6. November seinen Onkel und mietete sich im Hotel Suez auf dem Boulevard de Strasbourg ein – unter dem falschen Namen Heinrich Halert.

Das Attentat

Entsprechend den beiden Aussagen Grynszpans über die Motive für seine Tat wird auch der Tathergang unterschiedlich beschrieben. Hat er rein zufällig auf Ernst vom Rath geschossen oder diesen gezielt aufgesucht? Unstrittig ist, dass Herschel Grynszpan am 7. November 1938 gegen 8.30 Uhr im Waffengeschäft A la fine lame (Zur scharfen Klinge) für 245 Francs einen Trommelrevolver samt Patronen erworben hat. Im Lokal Tout va bien – nach Darstellung des NS-Propagandisten Wolfgang Diewerge ein «Treffpunkt der politisch organisierten jüdischen Jugend», nach seinen und anderen Angaben ein Schwulenlokal, in dem Herschel Grynszpan gelegentlich verkehrte – lädt er den Revolver und steckt ihn in seine Jackentasche. Dann macht er sich auf den Weg zur deutschen Botschaft in die Rue de Lille 78.

Vor dem Gebäude angekommen, fragt Grynszpan einen wachhabenden Polizisten nach dem richtigen Eingang. Er betritt die Botschaft um 9.35 Uhr, just in dem Moment, in dem der deutsche Botschafter, Graf Johannes von Welczeck, das Haus zum morgendlichen Spaziergang verlässt. Der junge Mann wird von der Frau des Portiers daher nicht zum Büro des Botschafters, sondern zu einem der jüngeren Mitarbeiter gewiesen. Da Gesandtschaftssekretär Ernst Achenbach – später für die Deportation der Juden in die Vernichtungslager mitverantwortlich und in der Nachkriegszeit außenpolitischer Sprecher der FDP – an diesem Tag erst verspätet zum Dienst kommt, wird Grynszpan zufällig zu Ernst vom Rath gebracht. Einer der beiden Amtsgehilfen, Herr Nagorka, lässt ihn umstandslos und ohne Ausfüllen eines Besucherformulars zu ihm vor. (Solche Details, wohl rein zufälliger Natur, wurden später zum Gegenstand weitreichender Vermutungen. Wurde er vorgelassen, weil man ihn schon kannte?) Von den fünf Schüssen, die Herschel Grynszpan um 9.45 Uhr abfeuert, treffen zwei Ernst vom Rath. Noch schwankend kann dieser um Hilfe rufen. Widerstandslos lässt sich der Attentäter von den zwei Amtsgehilfen abführen und wird dem vor der Botschaft stationierten französischen Polizisten übergeben. Achenbach kümmert sich um den Verletzten. Am 8. November berichtet Botschafter Graf Welczeck nach Berlin: «Herr vom Rath blutete aus zwei Wunden, von denen die eine sich in der Gegend des Brustbeins, die andere im Unterleib befand. Er klagte über heftige Schmerzen. Ich möchte hier feststellen, daß er diese Schmerzen mit größter Standhaftigkeit ertrug, und er in keinem Augenblick seine vorbildliche Ruhe und Selbstbeherrschung verloren hat. Auf die Frage des Botschaftsrats Bräuer, wie es denn zu dem Attentat gekommen sei, erwiderte er, der Täter sei ein Jude und habe bei Abgabe seiner Schüsse erklärt, er wolle seine Glaubensgenossen rächen.»

Herschel Grynszpan schildert den Tathergang noch auf der Botschaft: «Ich wurde dann in ein Büro geführt und von einem Attaché empfangen, der mir einen Sessel links von ihm anbot. Er erkundigte sich nach den Gründen meines Besuchs. Ich sagte ihm: ‹Sie sind ein schmutziger Deutscher (*sale boche*) und nun übergebe ich Ihnen im Namen von 12 000 schikanierten Juden das Dokument.› Ich zog den Revolver, den ich in der Innentasche meines Rocks versteckt hatte, und schoß; im Augenblick, wo ich die Waffe zog, erhob sich der Attaché von seinem Sessel. Ich feuerte jedoch sofort alle Kugeln ab. Ich zielte in die Mitte des Körpers. Mein Opfer versetzte mir einen Faustschlag und verließ hilferufend das Zimmer. Ich blieb im Büro, wo ich einige Augenblicke nachher verhaftet wurde. […] Ich habe die Postkarte, die in meiner Brieftasche gefunden wurde, Donnerstag bekommen und von diesem Augenblick an habe ich beschlossen, aus Protest ein Mitglied der Botschaft zu töten. Aus den Zeitungen wusste ich von der Unterdrückung meiner Glaubensgenossen. Das ist der einzige Grund, der meinen Schritt veranlasst hat.»

So weit die Aussage von Herschel Grynszpan unmittelbar

nach der Tat. Nach den erhaltenen Protokollen der weiteren
Vernehmungen machte er jedoch widersprüchliche Angaben.
Im zweiten Verhör erklärte er etwa: «Ich dachte dann an einen
Rache- und Protestakt gegenüber einem Vertreter Deutschlands, ohne die Absicht zu haben, jemanden zu töten. Ich wollte
jedoch einen aufsehenerregenden Schritt machen, damit er in
der Welt nicht ignoriert wird, weil die deutschen Methoden
mich erbitterten.» Ähnlich äußerte er sich in einem Brief, den er
aus der Untersuchungshaft an seine Eltern schrieb: «Ihr wird
wohl schon inzwischen gehört haben von mir. Ihr müßt mir ent-
schuldigen. Ich wollte keinen Menschen töten. Ich wollte nur
protestieren … Es wäre mir lieber gewesen, wenn dieser arme
Mensch nicht gestorben wäre. Aber leider ist er gestorben. Soll
mir G"tt verzeihen, was ich getan habe. Es war keine Rache. Es
war nur die Liebe für Euch und unsere leidenden Brüdern und
Geschwister, die ungerecht leiden müssen, nur weil sie Juden
sind.» Jedenfalls gab es nie einen Anhaltspunkt dafür, dass Herschel Grynszpan bei seiner Tat irgendeine Unterstützung erhalten hatte. Der 17-Jährige wurde zunächst in die Jugendvollzugs-
anstalt Fresnès bei Paris verbracht.

Ein willkommener Märtyrer

Der Zustand vom Raths blieb trotz aller medizinischen Hilfe
bedrohlich. Hitler persönlich entsandte seinen Begleitarzt
Dr. Brandt sowie den Leiter der chirurgischen Klinik München,
Dr. Magnus, um das Opfer zu versorgen. Doch am 9. November
1938 erlag Ernst vom Rath seinen Verletzungen. Goebbels' Pro-
pagandaapparat konstruierte sofort eine «jüdische Verschwörung», die hinter dem Attentat stecken sollte. Aber schon am
Abend des 7. Novembers war es in Kassel und Umgebung zu
ersten antisemitischen Ausschreitungen gekommen.

Staatssekretär Ernst von Weizsäcker richtete in der Deutschen Evangelischen Christuskirche in Paris eine Trauerfeier für
vom Rath aus. Danach wurde dessen Leiche in einem Sonder-
zug nach Düsseldorf überführt. Hier fand am 17. November in
Anwesenheit von Adolf Hitler und Joachim von Ribbentrop ein

Staatsbegräbnis für den neuen und offenbar sehr willkomme-
nen Märtyrer der nationalsozialistischen Bewegung statt.

Der am 3. Juni 1909 in Frankfurt am Main geborene Ernst
vom Rath eignete sich trotz aller propagandistischen Bemühungen nicht besonders für die Rolle des Märtyrers. Zwar war er
schon am 14. Juli 1932 in die NSDAP eingetreten und im April
1933 in die SA, aber seine Begeisterung für den Nationalsozialismus schien bald stark nachgelassen zu haben. Ein Grund mag
seine enge Verbundenheit mit der Kirche gewesen sein. Außerdem war er wohl ein Anhänger der SA, und nach dem sogenannten Röhm-Putsch am 30. Juni 1934 – der Entmachtung
von Hitlers und Himmlers potentiellen Konkurrenten in der SA
sowie anderer Gegner des «Führers» und ihrer Ermordung
durch SS oder Wehrmachtssoldaten – war der Enthusiasmus ei-
niger früher Nationalsozialisten verschwunden.

Viel ist auch über die Frage der sexuellen Orientierung vom
Raths spekuliert worden. In diesem Zusammenhang war von
einem «Darmleiden» die Rede, das in Berlin behandelt wurde.
In einer am 25. August 1963 abgegebenen eidesstattlichen Erklärung sagte die behandelnde jüdische Ärztin aus, vom Rath
habe sich seine Krankheit durch homosexuellen Verkehr zuge-
zogen: «Ich habe dieses wegen der Persönlichkeit des Patienten
bis heute noch in Erinnerung. Wir hatten in Berlin viele Patienten, die an Rectalgonorrhoe litten – dies wurde ausnahmslos
durch homosexuellen Verkehr erworben.»

Reaktionen und Prozessvorbereitungen

Die Reaktionen auf das Attentat waren unterschiedlich. In Paris
bewirkte die Tat keineswegs durchweg eine Solidarisierung mit
den durch die Deutschen verfolgten Juden – wie Herschel
Grynszpan es sich wohl gewünscht hatte. Im Gegenteil, zahlreiche judenfeindliche Broschüren und Flugblätter, die von den
deutschen Behörden gesammelt wurden, belegen, dass es an
mehreren Orten zu antisemitischen Kundgebungen kam. Das
antisemitische französische Wochenblatt *Je suis partout* forderte einen «Antisemitismus der Vernunft» und feierte dessen

Verbreitung in immer weiteren Kreisen der französischen Gesellschaft.

Einen Tag nach dem Tod des deutschen Diplomaten und den
Ausschreitungen in Deutschland in der Nacht vom 9. auf den
10. November reagierte der World Jewish Congress mit einer
Erklärung auf das Attentat: Zwar bedaure man die Tat des
17-jährigen polnischen Juden, protestiere aber gleichzeitig dagegen, dass die deutsche Presse das Judentum insgesamt für diesen Akt verantwortlich mache und entsprechend Vergeltungsaktionen gegen die deutschen Juden ausgeübt würden.

Unterstützung erhielt Herschel Grynszpan von der berühm-
ten US-amerikanischen Journalistin Dorothy Thompson, selbst
keine Jüdin. In einem Radiobeitrag und einigen ihrer Kolumnen
in der *New York Herald Tribune* rief sie dazu auf, einen Fonds
für Grynszpan ins Leben zu rufen und Geld für seine Verteidigung zu sammeln: «Give a Man a Chance.» 35 000 US-Dollar
kamen auf diese Weise zusammen. Sowohl in Frankreich wie
auch in Deutschland wurde Thompson für die Aktion scharf
kritisiert. Ein antisemitisches Flugblatt kommentierte ihren
Aufruf mit den Worten: «Diese Art und Weise, der französischen
Staatsverwaltung ihre Pflicht zu diktieren, ist von einer geradezu bewundernswerten Unverschämtheit. Wie wäre es, wenn Sie
sich um Ihre Neger kümmerten?»

Obschon einige Stimmen ihre Solidarität bekundeten und
Verständnis für das Schicksal von Herschel Grynszpan äußer-
ten, gab es doch fast keine öffentlichen Stimmen, die sein Handeln moralisch guthießen. Eine der wenigen Äußerungen
stammt von Leo Trotzki, der Anfang 1939 in der Zeitung *Socia-
list Appeal* schrieb: «Vom moralischen Standpunkt – und nicht
hinsichtlich seiner Aktionsmethoden – kann Grynszpan jedem
jungen Revolutionär als Vorbild dienen.»

Nach dem Attentat beginnen in Paris die Voruntersuchungen
im Fall Grynszpan. Bereits am 19. November 1938 beauftragen
Verwandte Herschel Grynszpans auf den Rat jüdischer Organisationen hin den korsischen Maître Vincent de Moro-Giafferi
mit der Verteidigung. Der berühmte Anwalt und Antifaschist
hatte schon den Attentäter David Frankfurter vertreten, der

am 4. Februar 1936 in Davos den NSDAP-Landesgruppenleiter Wilhelm Gustloff erschossen hatte. Die SS-nahe Zeitung *Der Angriff* wird Moro-Giafferi noch am selben Tag als «jüdischen Advokaten» im Solde der «internationalen Judenschaft» zu denunzieren suchen.

Im Lauf der fast neunmonatigen Ermittlungen unter Leitung des Untersuchungsrichters Jean Tesnière werden auch drei ärztliche Gutachten zur Persönlichkeit Grynszpans erstellt. Man bescheinigt dem jungen Attentäter eine durchschnittliche Intelligenz mit einem «gewissen Scharfsinn» und die Fähigkeit zur Strafbarkeitseinsicht. Der äußerst erregte Zustand, in den er geriet, nachdem er von der Deportation seiner Familie erfahren hatte, sei nicht pathologisch zu werten. Dennoch handle es sich um ein Verbrechen aus Leidenschaft, konstatieren die Ärzte und schlagen vor, mildernde Umstände zuzugestehen.

Die Untersuchungen sind von Anfang an massiven und teils erfolgreichen Versuchen der Einflussnahme Deutschlands ausgesetzt. So entsendet Berlin zwei Sonderbeauftragte, die die Ermittlungen begleiten und die deutschen Interessen vertreten sollen: den Juristen Prof. Dr. Friedrich Grimm und den bereits erwähnten Wolfgang Diewerge. Grimm agiert auf Weisung des Propagandaministeriums und des Auswärtigen Amtes. Er soll im Prozess gegen Grynszpan als Vertreter der Nebenklage, also der Familie vom Rath, auftreten. Offiziell amtiert Grimm als Mitarbeiter des französischen Anwalts Maurice Garcon, den er zusammen mit Maurice Leoncle als Nebenklagevertreter für die Eltern Ernst vom Raths ausgewählt hat.

Auf höchster politischer Ebene wird Wolfgang Diewerge eingesetzt. Seine Aufgabe ist es, eine Pressekampagne zu führen und das Attentat als von langer Hand geplant darzustellen. Grynszpan wird zum «Werkzeug des internationalen Judentums» erklärt. Die Absicht der jüdischen Weltverschwörer sei die Vergiftung des deutsch-französischen Verhältnisses und die «Vernichtung des nationalsozialistischen Deutschland». Diese Strategie hatte Diewerge schon einmal verfolgt, nämlich nach dem Attentat von David Frankfurter auf Wilhelm Gustloff: Dieser wurde sofort zum Märtyrer der Bewegung stilisiert, Frankfurter dagegen als «Werkzeug» eines gesamtjüdischen Plans zur Unterdrückung aller nichtjüdischen Völker angesehen. Auf einer Sitzung im Propagandaministerium am 11. November 1938 wird dieses Vorgehen auch für den Fall vom Rath/Grynszpan beschlossen.

Gegen die Verwandten von Herschel Grynszpan in Paris, Abraham und Chawa Grynszpan, führt der französische Staat ebenfalls einen Prozess. Am 29. November 1938 verhandelt eine Strafkammer gegen das Ehepaar, dem Vergehen gegen die Ausländerverordnung vorgeworfen werden. Auch Abraham und Chawa Grynszpan werden von Maître Moro-Giafferi verteidigt. Trotz der hervorragenden Verteidigungsstrategie und der rhetorischen Fähigkeiten des Anwalts – ein deutscher Spitzel berichtete etwa, dass dieser Herschel Grynszpan durchweg als «Kind» bezeichnete – verurteilt das Gericht die beiden zu jeweils vier Monaten Haft und 100 Francs Geldstrafe, da sie ihren Neffen in der Illegalität unterstützt hatten.

Die Ermittlungen gegen Herschel Grynszpan ziehen sich in die Länge. Durch die nationalsozialistische Expansionspolitik, etwa die Besetzung der «Rest-Tschechei» im März 1939, verschlechtert sich das deutsch-französische Verhältnis zusehends; die Deutschen drängen daher auf einen Aufschub des Prozessbeginns. Nach dem Überfall Deutschlands auf Polen am 1. September 1939 – Frankreich und Deutschland sind von nun an Kriegsgegner – wird der für Herbst vorgesehene Prozess erneut verschoben. Doch trotz des Abbruchs der diplomatischen Beziehungen gelingt es den Deutschen weiterhin, Einfluss auf das Verfahren zu nehmen; Friedrich Grimm wird zum Generalkonsul in der Schweiz ernannt und erhält über einen neutralen Schweizer Anwalt, Marcel Guinand, Einblick in die Prozessvorbereitungen der französischen Justizbehörden. Dass der Prozess erneut verschoben wird, liegt letztlich im Interesse der Deutschen, denn aufgrund der politischen Verhältnisse müssen sie mit einem Freispruch Grynszpans rechnen.

Dies ist auch Herschel Grynszpan und seiner Verteidigung bewusst. In einem Brief an den französischen Justizminister ersucht er Ende September 1939 darum, als Freiwilliger in der französischen Armee dienen zu dürfen: «Ich möchte mit meinem Blut die Tat wieder gut machen, welche ich begangen habe, und so die Unannehmlichkeiten sühnen, welche ich dem Land verursacht habe, das mir Gastfreundschaft gewährt hat.» Der Antrag wird abgelehnt.

Erst am 8. Juni 1940 erhebt die Staatsanwaltschaft in Paris schließlich Anklage gegen Herschel Grynszpan wegen Mordes. Doch jetzt ist es zu spät. Am 14. Juni 1940 wird Paris von deutschen Truppen besetzt, Frankreich unterzeichnet kurz darauf ein Waffenstillstandsabkommen. Während der Besetzung von Paris gelangen die Papiere von Grynszpans Verteidigern in die Hände der deutschen Geheimen Feldpolizei. In Orléans werden die Gerichtsakten von deutschen Einheiten beschlagnahmt. Der französische Untersuchungsrichter Tesnière, der sich in deutscher Gefangenschaft befindet, soll nun zum Fall Grynszpan vernommen werden.

Während der deutsche Machtapparat immer näher an Grynszpan heranrückt, öffnet sich für diesen am 14. Juni 1940 noch einmal für kurze Zeit ein Fenster zur Freiheit. Nach dem Einmarsch der Deutschen in Paris wird das Gefängnis Fresnès evakuiert; die Gefangenen, darunter Grynszpan, sollen nach Orléans transportiert werden. Auf der Fahrt kommt es zur Bombardierung des Zuges, Wärter und Gefangene fliehen. Herschel Grynszpan meldet sich mit anderen Gefangenen im Gefängnis von Bourges, wo sie abgewiesen werden. Nun irrt er umher, bis er sich im Gefängnis von Toulouse stellt und aufgenommen wird – einer drohenden Verhaftung durch die Deutschen zog Grynszpan wohl die französische Gefangenschaft vor. Doch er rechnete vermutlich nicht damit, dass das französische Justizministerium die Behörden in Deutschland über seinen Verbleib informieren würde. Am 14. Juli 1940 wird Grynszpan gegen den in deutscher Kriegsgefangenschaft befindlichen französischen Staatsanwalt Paul Ribeyre ausgetauscht und nach Berlin gebracht. Es folgen Verhöre durch die Gestapo in deren Hauptquartier, der berüchtigten Prinz-Albrecht-Straße 8. Die beschlagnahmten Prozessakten aus Frankreich befinden sich bereits dort.

Nun beginnen in Deutschland die Vorbereitungen zu einem

Prozess gegen Herschel Grynszpan. Geplant ist ein gigantischer Schauprozess, der sich, hätte er stattgefunden, durchaus mit den stalinistischen Schauprozessen der dreißiger Jahre hätte messen können. Um der Tat von Grynszpan weltpolitische Bedeutung zu verleihen, soll unter anderem der ehemalige französische Außenminister Georges Bonnet, ein erklärter Antisemit, als Zeuge vorgeladen werden.

Der Termin für die Prozesseröffnung wird auf den 18. Februar 1942 festgelegt. Zwei Ministerien zeigen sich an dem Spektakel interessiert: Goebbels' Propagandaministerium und das Außenministerium unter Joachim von Ribbentrop. Doch der Prozess, obwohl mit großer Energie betrieben, kommt nicht voran. Im Januar 1941 wird Grynszpan als sogenannter prominenter Häftling in das Konzentrationslager Sachsenhausen eingewiesen und der Prozessbeginn auf den 11. Mai 1942 verschoben. Aber auch dieser Termin verstreicht. Im Frühsommer 1942 verlegt man Grynszpan in das Untersuchungsgefängnis Moabit. Dr. Ernst Lauritz bereitet als Staatsanwalt die Anklage wegen Mordes und Hochverrats vor, die am Volksgerichtshof mit der Todesstrafe enden soll. Nun soll der Prozess im Herbst 1942 stattfinden.

Doch dann werden die Vorbereitungen, wohl auf persönliche Anweisung Hitlers, abgebrochen und nicht wieder aufgenommen. Wie in Frankreich findet auch in Deutschland nie ein Prozess gegen Herschel Grynszpan statt. Wahrscheinlich platzte der Plan, das Attentat als gezielten Angriff des Judentums auf die deutsch-arische Existenz darzustellen, weil Grynszpan sich dazu durchgerungen hatte, im Prozess öffentlich zu erklären, er habe dem Homosexuellen Ernst vom Rath als Stricherjunge gedient oder diesem solche vermittelt.

Da nun, zumindest für die Dauer des Krieges, kein Prozess mehr stattfinden soll, wird Grynszpan im Sommer 1942 wieder zurück nach Sachsenhausen verlegt. Hier endet seine Spur. Mitgefangene geben an, ihn zum letzten Mal im August 1942 gesehen zu haben. Die Ansichten darüber, ob er von den Nazis umgebracht wurde oder die KZ-Haft überlebte, gehen auseinander.

Nachspiel im Fall Grynszpan

Die Eltern Grynszpans und die beiden Geschwister Marcus und Berta konnten nach der Deportation im November 1938 nach Russland flüchten, wo sie den Holocaust überlebten; Marcus Grynszpan diente in der Roten Armee. Das letzte Zeichen von Herschel Grynszpan war ein Rot-Kreuz-Brief aus dem Jahr 1940. Nach dem Krieg suchten sie viele Jahre erfolglos nach ihm. Dennoch verstummte die Diskussion um das Schicksal von Herschel Grynszpan auch in der Nachkriegszeit nie ganz. So behauptete der Historiker Helmut Heiber 1957 in den *Vierteljahrsheften für Zeitgeschichte,* Grynszpan lebte unter falschem Namen in Paris. Dieses Gerücht sollte fortan in zahlreichen Varianten immer wieder auftauchen.

Schon 1952 war es zu einem Nachspiel im Fall Grynszpan gekommen. Der Boulevardjournalist Michael Graf Soltikow, der vorgab, während des Krieges für die deutsche Abwehr tätig gewesen zu sein, hatte in der Nürnberger Illustrierten *Wochenend* zwei Artikel veröffentlicht. Darin behauptete er, dass Herschel Grynszpan und Ernst vom Rath eine homosexuelle Beziehung hatten. Die angebliche Homosexualität von Grynszpan sei auch der Grund gewesen, warum er sich nach dem Krieg versteckt habe.

Diese Behauptungen stießen bei der Familie vom Rath auf große Verärgerung. Der Bruder des Ermordeten, Rechtsanwalt Günther vom Rath, verklagte Soltikow wegen Beleidigung des Verstorbenen – man sollte dabei nicht vergessen, dass in den fünfziger Jahren in Deutschland Homosexualität nicht nur moralisch verwerflich, sondern auch strafbar war. Im Rahmen des Prozesses gegen Soltikow, der 1960 vor dem Münchner Landgericht stattfand, trat erneut Wolfgang Diewerge auf den Plan. Unter Eid erklärte er nun, von einem Tatmotiv, welches auf einer homosexuellen Beziehung zwischen vom Rath und Grynszpan basiere, erst spät erfahren zu haben; ihm persönlich sei damals nichts darüber bekannt gewesen. Zudem behauptete er, ebenfalls unter Eid, ihm sei ein Zusammenhang zwischen der nationalsozialistischen Judenverfolgung und den Vorbereitungen des Schauprozesses gegen Grynszpan niemals bewusst gewesen.

Dies war offensichtlich gelogen und hatte wiederum ein Nachspiel. 1966 leitete das Landgericht Essen deshalb ein Verfahren wegen Meineids gegen Wolfgang Diewerge ein. In dem Prozess sagte auch Graf Soltikow aus und behauptete, über einen Mittelsmann mit Herschel Grynszpan in Kontakt zu stehen – was sich niemals verifizieren ließ und wahrscheinlich ebenfalls gelogen war. Diewerge jedenfalls wurde vom Gericht wegen Meineids zu einem Jahr Gefängnis verurteilt. Der führende antisemitische Propagandist aus Goebbels' Ministerium, der nach dem Zweiten Weltkrieg wie viele andere hochrangige NS-Funktionäre in der FDP seine Heimat gefunden hatte und sogar die zentralen Schulungsmaterialien für FDP-Wahlredner verfasste, sollte zumindest in diesem einen Punkt zur Verantwortung gezogen werden. Die Gefängnisstrafe wurde später jedoch zur Bewährung ausgesetzt. Der hessische Generalstaatsanwalt Fritz Bauer strebte in den sechziger Jahren sogar ein Verfahren wegen Beihilfe zum Massenmord gegen Diewerge an, aber auch diese Ermittlungen blieben für den NS-Funktionär letztlich folgenlos. Im November 1969 wurde das Verfahren eingestellt, da der Schauprozess gegen Grynszpan nie zustande gekommen war.

Die Frage, ob Grynszpan noch lebte, wie Helmut Heiber und andere behaupteten, ohne allerdings jemals einen Beweis dafür zu erbringen, oder ob er verstorben war, spielte noch in einem anderen Kontext eine Rolle: Der Vater von Herschel Grynszpan forderte 1953 nämlich Entschädigungszahlungen für den Tod seines Sohnes von der Bonner Regierung. Um eine solche Entschädigung überhaupt bei den westdeutschen Behörden oder der United Restitution Organization beantragen zu können, bedurfte es einer Todeserklärung. Erst fünfzehn Jahre nach Kriegsende, am 30. November 1960, bescheinigte das Amtsgericht Hannover, der Geburtsstadt von Grynszpan, den Tod des «Verschollenen Herschel Grynszpan» und setzte als Todesdatum den 8. Mai 1945 fest. Den Angehörigen kam nun zugute, dass weder Frankreich noch Deutschland je ein Urteil über Grynszpan gefällt hatten. Somit konnten sie Wiedergutmachung beantragen, da einzig feststand, dass er durch die nationalsozialistische Verfolgung ums Leben gekommen sein musste.

Sendel Grynszpan berichtete während des Prozesses gegen Adolf Eichmann in Jerusalem, dass er seinen Sohn Herschel nach dem Krieg trotz endloser Bemühungen nicht mehr finden konnte. Sein Zeugenauftritt am 25. April 1961 bewegte viele Beobachter, so auch Hannah Arendt, die als Reporterin für die Zeitschrift *The New Yorker* anwesend war. In ihrem Prozessbericht *Eichmann in Jerusalem* schrieb sie: «Er war ein alter Mann, der das jüdische Käppchen der Orthodoxen trug, klein, zerbrechlich, mit spärlichem weißem Haar und Bart und einer auffallend aufrechten Haltung. [...] Nun stand er hier als Zeuge und erzählte seine Geschichte, sorgfältig auf die Fragen, die ihm der Staatsanwalt stellte, antwortend; er sprach klar und fest, ohne Ausschmückung, nicht ein Wort zuviel.» Grynszpan berichtete, wie er und seine Familie, die damals seit 27 Jahren in Deutschland lebten, bei der «Polenaktion» 1938 deportiert worden waren: «Es dauerte nicht länger als vielleicht zehn Minuten, bis die Geschichte erzählt war, und als sie zu Ende war – die sinnlose, nutzlose Zerstörung von 27 Jahren in weniger als 24 Stunden –, da dachte man: Jeder, jeder soll seinen Tag vor Gericht haben – ein törichter Gedanke. In den endlosen Sitzungen, die dann folgten, stellte sich heraus, wie schwer es ist, eine Geschichte zu erzählen, daß es hierzu – jedenfalls außerhalb jener Verwandlung, welche der Dichtung eignet – einer Reinheit der Seele, einer ungespiegelten und unreflektierten Unschuld des Herzens und Geistes bedarf, die nur die Gerechten besitzen. Nicht einer, weder vorher noch nachher, konnte es mit der unantastbaren schmucklosen Wahrhaftigkeit des alten Mannes aufnehmen.»

Nach dieser Zeugenaussage dauert es noch mehr als ein Jahr, bis am 3. Mai 1962 der Regierungspräsident von Hannover im Entschädigungsverfahren der Erben von Herschel Grynszpan entschied, dass diesen aufgrund der durch die Verfolgung erlittenen Freiheitsschäden eine Entschädigung von 8550 D-Mark zuerkannt werden sollte. Im Niedersächsischen Landesarchiv findet sich eine nach diesem Bescheid noch über Jahre hinweg geführte Korrespondenz zwischen den Eltern von Herschel Grynszpan und der Entschädigungsbehörde in Hannover, die, wie es scheint, die Zahlung weiterer Entschädigungen auf bürokratischem Weg so lange wie möglich hinauszuzögern versucht hat.

Ein Kind seiner Zeit

Lange wurde Herschel Grynszpan sehr negativ beurteilt – insbesondere auch von jüdischen Kommentatoren. Im Jahr 1938 war die Angst groß, und nur allzu berechtigt, dass sein Attentat von den Nationalsozialisten ausgenutzt werde. Diese Perspektive hat sich verfestigt, so dass selbst Hannah Arendt in ihrem Eichmann-Buch noch abfällig über ihn schreibt: «Herschel Grynszpan – ein Psychopath, unfähig, die Schule abzuschließen – hatte sich seit Jahren in Paris und Brüssel herumgetrieben und war aus beiden Städten ausgewiesen worden.» Wie seine Briefe belegen, litt Grynszpan in der Haft unter dem Vorwurf, er sei für die Pogrome im November 1938 mitverantwortlich.

Erst allmählich meldeten sich andere Stimmen zu Wort. Noch in den Kriegsjahren widmete der englische Komponist Michael Tippett dem Attentäter ein Oratorium mit dem Titel «A Child of Our Time», welches 1944 in London uraufgeführt wurde. Und während deutsche Historiker in der Nachkriegszeit oftmals relativ unkritisch die von Diewerge, Grimm und anderen NS-Repräsentanten gelegten Spuren aufgriffen und Herschel Grynszpan als herumlungerndes jüdisches Unterschichtenkind darstellten, rückte ihn der Schweizer Historiker Klaus Urner Anfang der achtziger Jahre in den Kontext der überaus wenigen mutigen Einzelgänger, die es wagten, sich dem Nationalsozialismus entgegenzustellen, und dabei ihr Leben aufs Spiel setzten. Urner nennt etwa den bereits erwähnten David Frankfurter und den Hitler-Attentäter Georg Elser.

Der als Kind aus Deutschland geflohene Grynszpan-Biograph Gerald Schwab brachte noch eine weitere Person mit dem

Schicksal Grynszpans in Verbindung, den tschechoslowakischen Künstler Stefan Lux. Dieser hatte sich am 3. Juli 1936 während einer Generalversammlung des Völkerbundes vor den Augen des versammelten Plenums das Leben genommen, um auf die Verfolgung der Juden durch das Deutsche Reich aufmerksam zu machen. Lux sprach einige heute nicht mehr überlieferte Worte und erschoss sich dann mit seinem Revolver. Beigesetzt auf dem jüdischen Friedhof in Genf, sind er und seine Tat schnell in Vergessenheit geraten.

Weder steht also die Tat von Herschel Grynszpan ganz alleine – mehrere Attentate auf deutsche Repräsentanten waren ihr vorausgegangen –, noch waren die von den Nationalsozialisten als «Reaktion» darauf verübten Massenverbrechen ohne jeglichen Vorlauf. Grynszpan reagierte ja mit seiner Tat bereits auf eine brutale Aktion des NS-Staates. Und genau dies taten auch die anderen Attentäter, die, mit ebenso wenig Erfolg wie Grynszpan, die freie Welt aufzurütteln versuchten. Die Zeitgenossen und die Historiker konnten ihren Taten meist wenig oder gar nichts abgewinnen. Ob Herschel Grynszpan ein Kind seiner Zeit, ein Irrer, ein aus persönlichen Motiven rächender Mörder oder ein Held war, das wird trotz der vielen Jahre, die seit seiner Tat vergangen sind, immer noch sehr unterschiedlich beurteilt. Auf jeden Fall gehörte er zu den vielen staatenlos gemachten Menschen, die, wie Hannah Arendt es ausdrückte, zum «Abschaum der Menschheit» erklärt wurden und deren Schicksal uns angesichts der vielen bis heute stattfindenden Vertreibungen weiterhin beschäftigt.

2. Die Novemberpogrome

Früher Terror

«Die Unruhe, Hast und Ratlosigkeit dieser Tage und Wochen läßt einen kaum zur Ruhe, zur Besinnung kommen. [...] Jeden Abend sitzen wir nun bei uns oder bei Bekannten, besprechen die Lage, erörtern neue Gedanken, dieser und jener Plan wird erwogen, zwischen Wegfahren und Hierbleiben gehen lebhafte Diskussionen hin und her. Das Ergebnis ist jedes Mal dasselbe, nämlich dieses eine: abwarten.»

Diese Überlegungen notierte sich der Student Heinrich Marx am 5. April 1933 nach dem reichsweiten Boykott jüdischer Geschäfte in sein Tagebuch. Der damals 22-Jährige muss noch im selben Jahr sein Jurastudium abbrechen und wird im Sommer 1934 kurzzeitig in einem Konzentrationslager interniert. 1937 gelingt ihm die Emigration in die USA, wo er als Journalist Karriere macht.

Wie Heinrich Marx haben sich bis Ende 1937 insgesamt 130 000 deutsche Juden gegen das Abwarten entschieden und Deutschland verlassen. Boykotte, Entrechtung, Ausgrenzung und zunehmend gewalttätigere Angriffe hatten sie zur Auswanderung getrieben. Wer jung und nicht arm war, hatte Chancen, ein Aufnahmeland zu finden. Umgekehrt galt für die rund 400 000 in Deutschland verbliebenen Juden: Jeder zweite von ihnen war über 50 Jahre alt, und jeder vierte konnte nur mit Unterstützung der jüdischen Wohlfahrtspflege überleben. Gerade für diese Gruppe schien das Abwarten nach wie vor der beschwerlichen Emigration vorzuziehen zu sein. Eine weitere Eskalation war für viele nicht vorstellbar. Erst die «Reichskristallnacht» sprengte diesen Erfahrungshorizont: Die in aller Öffentlichkeit verübten antisemitischen Gewalttaten änderten den Rahmen dessen, was man sich vorstellen konnte.

Die reichsweiten Pogrome nach dem Attentat von Herschel

Grynszpan auf Ernst vom Rath begannen am 7. November 1938 und erreichten in der Nacht vom 9. auf den 10. November ihren Höhepunkt. Sie hatten jedoch eine lange Vorgeschichte. Nach der «Machtergreifung» am 30. Januar 1933 richtete sich der politische Terror der SA zwar zunächst vor allem gegen deutsche Kommunisten, aber auch Juden und ihre Geschäfte wurden früh Opfer antisemitischer Gewalt. So kam es ab März 1933 in fast allen Teilen Deutschlands zu antijüdischen Übergriffen. Eine Welle der Gewalt führte am 7. März 1933 im Ruhrgebiet, am 9. März in Berlin, am 11. März in Frankfurt am Main und Hamburg und schließlich am 13. März in Südwestdeutschland zu antisemitischen Attacken, die alle am helllichten Tage stattfanden. SA-Angehörige organisierten Demonstrationen vor jüdischen Geschäften, riefen zu Boykotten auf und bedrohten Kunden. Es kam zu Schlägereien und Vandalismus. Die SA-Männer scheuten sich auch nicht, in die Wohnungen von Juden einzudringen. Das hohe Potential an Gesetzlosigkeit und Brutalität, das in der nationalsozialistischen Bewegung vorhanden war, zeigte sich schon früh.

Der seit 1930 für den Centralverein deutscher Staatsbürger jüdischen Glaubens tätige sozialdemokratische Journalist Walter Gyssling flüchtete noch im März 1933 nach Basel, um sich der Verhaftung zu entziehen. Sein Tagebucheintrag vom 10. März 1933 dokumentiert die Situation in München: «Hinter uns liegt eine Nacht des Grauens. Es war schließlich nicht anders zu erwarten. Wer die hemmungslosen Hetzreden gehört hat, die gestern Abend vor der Feldherrnhalle gehalten wurden, ist entsetzt, aber nicht überrascht. [...] Die Arbeiterzeitungen zerstört, das Gewerkschaftshaus gestürmt, hunderte von kommunistischen und sozialdemokratischen Führern in Haft, es ist furchtbar, aber man ist daran schon irgendwie gewöhnt, zumal wenn man die Woche nach dem Reichstagsbrand in Berlin miterlebt hat.» Auch antisemitische Gewalttaten dokumentierte Gyssling: «Dann kommt ein Freund, der uns verstört erzählt, dass ein bekannter, politisch nie hervorgetretener Kaufmann nachts in seiner Wohnung von der S. A. überfallen wurde.

Mit den Worten ‹Mir ham 14 Jahr' g'hungert und Du Saujud hast das Geld verfressen› rissen ihm die entmenschten Bestien buchstäblich einen Arm aus.»

In diesen ersten Jahren war der NS-Staat ein «Doppelstaat». So hatte ihn, gestützt auf die eigene praktische Erfahrung, der jüdische Jurist und Gelehrte Ernst Fraenkel beschrieben: Die aus der Weimarer Republik übernommenen Normen eines bürgerlichen Rechtsstaates bestanden zeitgleich mit einem auf spezifischen Maßnahmen basierenden NS-Staat, in welchem SA, SS, Gestapo und diverse Parteiorganisationen die ihnen jeweils richtig erscheinende Gewalt ausübten. Wer sich vor der Gewalt des terroristischen Maßnahmenstaates fürchtete, konnte sich in dieser Phase noch sporadisch Hilfe durch den Normenstaat erhoffen. Oder anders ausgedrückt, es war für viele Zeitgenossen noch nicht eindeutig auszumachen, dass am Ende der terroristische Maßnahmenstaat von SA und SS das Schicksal der deutschen Juden bestimmen werde. Noch konnte man denken, abwarten sei möglich.

Auch in der zweiten Welle der Gewalt zwischen Januar und August 1935 wurden Juden auf der Straße angegriffen und jüdische Geschäfte zerstört. Die ausländische Presse berichtete darüber. So schilderte die *Neue Zürcher Zeitung* am 16. Juli 1935 in einem Artikel detailliert den Ablauf antisemitischer Ausschreitungen auf dem Kurfürstendamm in Berlin. Dort hatte sich eine Gruppe von fünfzig jungen Leuten vor dem Ufa-Theater versammelt – ein antisemitischer Spielfilm aus Schweden wurde gezeigt – und sich mit den zahlreich aus dem Kino strömenden SA-Männern zusammengeschlossen, um gemeinsam jüdische Gäste des eleganten Café Bristol anzupöbeln, körperlich zu attackieren und zu verjagen. «Auf der Straße staute sich die Menschenmenge, zum großen Teil Gaffer, die sich mit einer passiven Rolle begnügten, immer mehr an. Schließlich rückte ein Überfallkommando der Polizei auf zwei Lastwagen an, riegelte die Straße ab und überredete die Demonstranten zum Abzug.» Wenig später, so die *NZZ* weiter, wiederholte sich der gespenstische Vorgang. Unter Rufen wie «Die Juden sind unser Unglück» wurden erneut jüdische Cafébesucher attackiert, die in panischem Schrecken zu flüchten versuchten, und mehrere jüdische Läden wurden demoliert.

Die einfachen Mitglieder der NS-Bewegung waren mit der bisherigen Entwicklung antijüdischer Politik nicht zufrieden. Um die antisemitischen Maßnahmen, die «Entjudung» der deutschen Gesellschaft, zu forcieren, übten sie neuen Terror aus. Denn immer noch existierten für überzeugte Anhänger der Bewegung viel zu viele jüdische Geschäfte, und das Berufsverbot für Juden war noch nicht vollständig umgesetzt. An manchen Orten wurden sogar neue jüdische Geschäfte gegründet. Behörden und Polizei griffen zwar, wenn auch zögerlich, bei vielen Ausschreitungen ein, sie tolerierten aber gleichzeitig einige. Der antisemitische Straßenterror war ein guter Motor, um den legislativen Bemühungen, antisemitische Politik in Gesetzesform zu gießen, Druck zu verleihen. Denn der Terror auf den Straßen musste schließlich, so die antisemitische Logik, durch staatliche Maßnahmen gegen die jüdische Bevölkerung besänftigt werden. Auf diese Weise bestärkten sich antisemitischer Terror der Basis und antijüdische Politik der Parteielite gegenseitig und führten zu einer sukzessiven Verschärfung antijüdischer Maßnahmen. Doch trotz der ansteigenden antisemitischen Verordnungs- und Gesetzesflut konnten viele Juden, vor allem in den deutschen Großstädten, noch ein einigermaßen erträgliches Leben führen. Erst 1938 sollte sich dies für alle noch in Deutschland lebenden Juden als unmöglich erweisen.

Expansionspolitik und organisierte Gewalt gegen Juden

Das Jahr 1938 wird ähnlich wie 1932 oft als Schicksals- oder Entscheidungsjahr bezeichnet – die Novemberpogrome sind ein Grund dafür. Viele einschneidende Ereignisse hatten die Lage aber schon zuvor zugespitzt. So führte der «Anschluss» Österreichs am 12. März 1938 zu einer massiven Zunahme antisemitischer Angriffe. In Wien kam es bereits am Tag vor dem Einmarsch der Deutschen zu gewalttätigen Attacken auf die jüdische Bevölkerung. Der Schriftsteller Carl Zuckmayer, der zwei Tage später emigrierte, erinnert sich in seiner Autobiographie: «An diesem Abend brach die Hölle los. Die Unterwelt hatte ihre Pforten aufgetan und ihre niedrigsten, scheußlichsten, unreinsten Geister losgelassen. Die Stadt verwandelte sich in ein Alptraumgemälde des Hieronymus Bosch: Lemuren und Halbdämonen schienen aus Schmutzeiern gekrochen und aus versumpften Erdlöchern gestiegen. [...] Was hier entfesselt wurde, war der Aufstand des Neids, der Missgunst, der Verbitterung, der blinden böswilligen Rachsucht – und alle anderen Stimmen waren zum Schweigen verurteilt.» Es war auch der Moment, in dem Sigmund Freud, der damals schon weltberühmte Begründer der Psychoanalyse, Wien verließ und ins Exil nach London ging. Auf einem Dokument, welches Freud vor seiner Ausreise zu unterschreiben gezwungen wurde, vermerkte er zu der Gewalttätigkeit der Nazis sarkastisch: «Ich kann die Gestapo jedermann aufs beste empfehlen.» Mit dem «Anschluss» begann sofort auch die Arbeit von Adolf Eichmann als Spezialist der Verfolgung, Beraubung und Vertreibung von Juden. Der Sicherheitsdienst (SD) ging unbehindert von einem noch irgendwie schützenden «Normenstaat» gleich direkt gegen die österreichischen Juden vor. Die Judenverfolgung erreichte mit dem Anschluss Österreichs noch vor den Novemberpogromen eine neue Qualität, auf die Freud und Zuckmayer reagiert haben.

Aber auch in Berlin stieg der Auswanderungsdruck: Im Mai und Juni 1938 nahmen die antisemitischen Übergriffe auch hier zu; die Entfesselung der Gewalt in Österreich wirkte auf das Altreich zurück. «Zusammenfassend lässt sich sagen», informierte der US-Botschafter in Berlin, Hugh R. Wilson, seinen Außenminister am 22. Juni 1938, «dass die gegenwärtige antijüdische Kampagne an Gründlichkeit alles seit Anfang 1933 Geschehene übertrifft». Obwohl viele Juden vom Land in die Großstädte gezogen waren, sank zwischen 1937 und 1939 die Zahl der in Berlin lebenden Juden von 140 000 auf 82 000. Die antisemitischen Angriffe wurden von Goebbels besonders gefördert, denn der Propagandaminister, seit 1926 Gauleiter von Berlin, wünschte sich seine Stadt schnellstmöglich «judenrein». Goebbels ging dabei so weit, dass Hitler ihn im Juni 1938 zur Mäßigung mahnte, da er um seinen Ruf im Ausland besorgt war.

Die größte der mit massiver Gewalt verbundenen Aktionen fand zwischen dem 13. und 18. Juni 1938 statt. 10 000 Deutsche wurden bei der sogenannten Juni-Aktion in «Schutzhaft» genommen und in Konzentrationslagern interniert. Die Verhaftungswelle richtete sich vor allem gegen Menschen, die von den Nazis als «arbeitsscheu» oder «asozial» bezeichnet wurden. Mit ihnen füllte Heinrich Himmler, Reichsführer SS und Chef der Deutschen Polizei, die von ihm kontrollierten Konzentrationslager. Bei 1500 Juden unter den Opfern der Juni-Aktion wurde als Verhaftungsgrund angegeben, sie seien «mit dem Gesetz in Konflikt gekommen»; kleinste Ordnungsvergehen wie die Übertretung von Verkehrsvorschriften wurden zum Teil zu «Vorstrafen» erklärt. Verhaftungen von Juden waren zuvor meist politisch bedingt gewesen und hatten nie ein solches Ausmaß erreicht wie im Juni 1938. Die meisten der relativ wahllos ergriffenen Juden blieben über Monate hinweg in den Konzentrationslagern und waren oftmals noch in Haft, als im November 1938 nach den Pogromen Tausende neue jüdische Häftlinge dazukamen.

Als Antwort auf den zunehmenden Vertreibungsdruck des NS-Regimes fand vom 6. bis zum 15. Juli 1938 die Konferenz von Évian statt. Vertreter von 32 Nationen trafen sich auf Einladung des amerikanischen Präsidenten Franklin D. Roosevelt im französischen Kurort Évian-les-Bains und diskutierten darüber, wie man die Auswanderungsmöglichkeiten für die aus Deutschland und Österreich vertriebenen Juden verbessern könnte. Aber die Konferenz brachte den asylsuchenden jüdischen Flüchtlingen keine Hilfe, denn die Diplomaten gelangten zu keinem positiven Resultat. Der australische Delegierte Thomas Walter White sprach für viele, als er erklärte, sein Land habe bisher kein «Rassenproblem» und sei auch nicht daran interessiert, durch «ausländische Masseneinwanderung eines zu importieren». Kein einziges der vertretenen Länder war bereit, seine Einwandererquote zu erhöhen und mehr Juden Zuflucht zu gewähren. Der Soziologe und Publizist Leopold Schwarzschild, der Deutschland 1933 hatte verlassen müssen, kommentierte im französischen Exil: «In Sachen der politisch

Vertriebenen leidet diese Welt peinlich an ihrem schlechten Gewissen. [...] Aber trotz allen schlechten Gewissens hat keiner den Willen, es selbst von nun an anders zu halten [...]. Einunddreißig Regierungen entsandten angenehm berührt ihre Delegation – jede von ihnen ganz klar darüber, daß die Situation eine wahre Schande ist – und jede von der Hoffnung beseelt, daß die dreißig anderen sowohl die Situation wie die Schande beseitigen würden. [...] Man kann nicht behaupten, daran habe sich nun, da die Konferenz getagt hat, schon das Geringste geändert.»

Im Gegenteil, das Scheitern der Tagung erlaubte es den Nationalsozialisten sogar, dieses gewissermaßen als ihren Erfolg zu verbuchen. Hatten die beteiligten Staaten in ihrem offen bekundeten Unwillen, mehr jüdische Flüchtlinge aufzunehmen, nicht eindrücklich dokumentiert, wie überaus unbeliebt die Juden weltweit waren? Erschien der nationalsozialistische deutsche Antisemitismus nicht sogar als Teil einer internationalen Strömung, und Deutschland so aus seiner Isolation befreit? In der Tat spielte Antisemitismus bei fast allen beteiligten Ländern eine mehr oder weniger bedeutende Rolle bei ihrer Weigerung, zusätzliche jüdische Flüchtlinge aufzunehmen, die demokratisch regierten Staaten eingeschlossen. Auch übten manche Rücksicht gegenüber der deutschen Regierung; so konnte die Tagung nicht wie geplant in Genf, sondern nur in dem dreißig Kilometer entfernten französischen Kurort stattfinden, weil die Schweiz eine Beeinträchtigung ihres Verhältnisses zum deutschen Nachbarn befürchtete. Hinzu kam ein ökonomisches Motiv: Die von den nationalsozialistischen Machthabern zunehmend ihres Eigentums beraubten Juden erschienen den Aufnahmeländern als wirtschaftliche Belastung. Die NS-Judenpolitik des Jahres 1938 war insofern nicht nur grausam, sondern auch paradox. Einerseits tat man alles, um durch Gewalt und Terror möglichst viele Juden zu vertreiben, andererseits führte die als «Arisierung» bezeichnete Beraubung der Juden dazu, dass diese noch schwerer ein Aufnahmeland fanden. Die Politik der Austreibung ohne Einwanderungsmöglichkeiten machte die Lage der Juden im deutschen Machtbereich immer hoffnungsloser. Gleichzeitig ließ die NS-Judenpolitik schon sehr deutlich erkennen, dass hier eine gewaltbereite Ideologie an der Macht war, die nicht nur «rationalen» Überlegungen folgte. Bereits am 5. Januar 1938 verfügte Himmler die Ausweisung sämtlicher sowjetrussischer Staatsangehöriger, soweit sie Juden seien.

Im September 1938 spitzte sich die Lage in Europa durch die sogenannte Sudetenkrise weiter zu. Nach dem «Anschluss» Österreichs hatte Hitler die Forderungen an die tschechoslowakische Regierung, was die Autonomierechte der rund drei Millionen Sudetendeutschen betraf, verschärft. Alles schien auf eine militärische Intervention des NS-Regimes hinauszulaufen. Um die Stimmung in der Bevölkerung anzuheizen, wurden die politisch inakzeptablen Forderungen von einer aggressiven Propaganda begleitet. Außenpolitisches Ziel Hitlers war die Erweiterung des deutschen Einflussbereichs, insgeheim die Auflösung des demokratischen tschechoslowakischen Staates. Die Krise kulminierte Mitte September 1938, als Hitler trotz Vermittlung des britischen Premiers Arthur Neville Chamberlain mit dem Einmarsch der Wehrmacht drohte. Mit der Unterzeichnung des Münchner Abkommens durch Chamberlain, Édouard Daladier, Benito Mussolini und Hitler am 30. September 1938 wurde der drohende militärische Konflikt kurzfristig entschärft. Die tschechoslowakische Regierung war nicht einmal nach München geladen, sie hatte die Abtretung des Sudetenlandes an das Deutsche Reich in Abwesenheit zu akzeptieren. Nach dem «Anschluss» Österreichs stellte die Sudetenkrise die zweite große internationale Krise des Jahres dar, und auch sie endete in einer politischen Stärkung des NS-Regimes. Am 1. Oktober 1938 besetzten deutsche Truppen das Sudetenland.

Wenige Tage danach berichtete die britische Zeitung *The Jewish Chronicle* über die verheerende Situation der dort lebenden Juden: «Kurz nach dem Einmarsch der deutschen Truppen machten sich Nazi-Randalierer einen Spaß daraus, jüdische Geschäfte in Karlsbad, Eger, Franzensbad und andern Städten zu verschandeln. Zahlreiche Schaufenster wurden eingeschlagen. Es wird über eine Reihe von Selbstmorden unter den Juden im

Sudetenland berichtet. Dr. Rudolf Lederer, ein Teplitzer Anwalt, sprang vom Aussichtsturm auf dem Proschwitzer Kamm in der Nähe von Gablonz. Ein Dr. Sabat in Staab bei Pilsen vergiftete sich gemeinsam mit seiner Frau und seinen beiden Töchtern.» Erwähnt wurde außerdem die Einrichtung eines ersten Konzentrationslagers im Kreis Tetschen-Bodenbach, im ehemaligen Schloss des Grafen Thun.

Wie bedrohlich die Lage für die Juden in Europa geworden war, stellte auch der Jüdische Weltkongress fest. In einem vertraulichen Bericht vom 14. Oktober 1938 heißt es: «Die totalitären Staaten sind heute, wenige Wochen nach München, bereits ebenso aggressiv, wenn nicht viel aggressiver und arroganter, als sie vor München waren, und der Friede in unseren Tagen, von dem Herr Chamberlain naiverweise gleich nach München sprach, wird bereits von allen als eine Illusion anerkannt.» Die Situation der deutschen Juden, so der Bericht weiter, habe das Stadium der «restlosen, totalen Liquidation» erreicht; spätestens 1939 werde «kaum noch ein Jude in Deutschland irgendeine wirtschaftliche Existenzmöglichkeit haben». Das Wort «Liquidation» war dabei durchaus mehrdeutig gemeint und zielte über das Ökonomische hinaus: «Was aus den noch in Grossdeutschland lebenden 300 000 Juden werden soll, ist völlig unausdenkbar, die Phantasie eines Dante kann nicht die Leiden ausmalen, die diesen unglücklichsten Teilen des jüdischen Volkes in der allernächsten Zeit bevorstehen.» Nun war es also offensichtlich, dass Abwarten keine Option mehr sein konnte. Die Gefahr war für alle Juden deutlich spürbar.

In ganz Europa wuchs trotz des Münchner Abkommens die Angst vor einem Krieg. Selbst die deutsche Bevölkerung ließ sich bei aller Propaganda nicht für einen Krieg begeistern. Eine Chance eröffnete sich für Goebbels mit dem Attentat auf vom Rath. War es ihm während der Sudetenkrise nicht gelungen, die Mehrheit der Deutschen auf einen Krieg einzustimmen, so bewies er nun bei den reichsweiten antisemitischen Pogromen seine Mobilisierungsfähigkeiten. Zugleich boten die Novemberpogrome radikalen Nationalsozialisten eine Gelegenheit, sich auszuagieren. Während der Sudetenkrise hatten sie vergeblich auf einen Krieg gegen die Tschechoslowakei gehofft. Die Pogrome waren für sie ein willkommener Ersatzkrieg gegen den als mächtig imaginierten ohnmächtigen «inneren Feind».

Erste Pogrome in der Provinz

Im Allgemeinen steht vor allem die Nacht vom 9. auf den 10. November 1938 für die gewalttätigen Ausschreitungen, die sich gegen die Juden in ganz Deutschland richteten. Weniger bekannt ist, dass die antijüdischen Gewaltakte bereits am Abend des 7. November, also noch am Tag des Grynszpan-Attentats und schon als Reaktion darauf, im Gau Kurhessen einsetzten. Die Pogrome begannen in Kassel. Dort wurde zuerst das Café Heinemann verwüstet, das einem Juden gehörte. Dann wandte sich der Mob der Synagoge zu, deren Innenraum samt Einrichtung vollständig zerstört wurde. Die Menschenmenge löste sich danach in Kleingruppen auf, die weitere zwanzig Geschäfte von Kassler Juden beschmierten, plünderten und zerstörten.

Kassel war nie ein wichtiges Zentrum jüdischen Lebens gewesen. In den zwanziger Jahren lebten hier 3000 Juden, insgesamt knapp zwei Prozent der Stadtbevölkerung. Dagegen war das ländliche Kurhessen weit stärker von jüdischen Einwohnern, vielfach Händlern, geprägt, die etwa zehn Prozent der Landbevölkerung ausmachten. Seit 1933 wurden sie immer wieder zum Ziel antisemitischer Übergriffe. Kurhessen war eine Hochburg des Antisemitismus. In der Nacht vom 7. auf den 8. November 1938 fanden in Rotenburg, Fulda, Bebra, Sontra und Baumbach pogromartige Angriffe statt.

Wie heftig diese Angriffe waren, zeigt etwa der Bericht einer nichtjüdischen Einwohnerin von Bebra, Gerda Kappes, die ihrer Schwiegermutter Clara am 11. November 1938 schrieb:

Anläßlich des Attentats auf Legationsrat vom Rath sind hier große Judenverfolgungen gewesen. In der Nacht vom Montag auf den Dienstag sind verschiedene Fanatiker der Partei in die Judenhäuser eingedrungen, haben die Juden aus den Betten geholt und alles kurz und klein geschlagen. Alle Möbel umgekippt, Porzellan, Glas, Fensterscheiben, überhaupt alles Erreichbare umgekippt und kaputt geschlagen. Vorhänge abgerissen, Stoffe und auch zum Teil Lebensmittel umhergeworfen, elektrische Lampen und Birnen, sogar die Lichtleitung kaputt geschlagen, bei Emanuels eingebaute Waschbecken, Badewanne, sogar die Mettlauer Platten sind hinüber. [...] Wir schliefen die ganze Nacht nicht, konnten aber bei der Dunkelheit auch auf der Straße nichts erkennen als nur viele Menschen, ich glaube, die Hälfte der Bewohner Bebras waren die Nacht auf den Beinen. Am anderen Morgen erzählte uns nun Lisbeth, was geschehen war. [...] Nachmittags sind dann die Juden alle von hier weg, sie mussten wohl auch, denn sie konnten sich ja nirgends aufhalten, noch nicht einmal ein Bett war ja noch ganz.

Bebra zählte damals knapp 5000 Einwohner. In der Nacht vom 7. auf den 8. November wurde sowohl die jüdische Schule wie auch die Synagoge in der Amalienstraße zerstört. Inwiefern die Bevölkerung zustimmend oder ablehnend auf die Pogrome im November 1938 reagierte, ob viele oder wenige Menschen sich an den Angriffen beteiligten und ob sie das organisiert oder spontan taten, wurde oft erörtert. Einzelne Quellen können keine eindeutige Antwort geben. Gerda Kappes' Bericht über das Pogrom in Bebra deutet allerdings auf eine hohe Beteiligung der Bebraer an den Ausschreitungen hin.

Aus Kassel wurde Ähnliches berichtet: Nach der *Kurhessischen Landeszeitung* waren dort am 8. November Hunderte Kasseler aus allen Stadtteilen an den Ausschreitungen beteiligt gewesen. Die Staatspolizeistelle Kassel hielt in ihrem Bericht fest, eine Ansammlung von 1000 Menschen habe an der Zerstörung mitgewirkt.

Einige Historiker gehen davon aus, dass solche Zahlen für eine Mischung aus zivilen und organisierten Gewalttätern aus SA und SS sprechen, andere meinen, die Akteure hätten sämtlich auf Kommando der politischen Leitung in Kassel gehandelt. Beide Thesen können nicht eindeutig bewiesen werden.

Die Frage nach den eigentlichen Initiatoren der Novemberpogrome wird unter Historikern schon lange diskutiert; das gilt auch für die gewalttätigen Ausschreitungen am 7. und 8. November. Dass es nicht Goebbels war, der diese frühen Angriffe initiierte, belegt die folgende auf den 9. November 1938 datierte Eintragung in seinem Tagebuch: «In Paris hat ein polnischer Jude Grynszpan auf den deutschen Diplomaten vom Rath in der Botschaft geschossen und ihn schwer verletzt. Aus Rache für die Juden. Nun aber schreit die deutsche Presse auf. Jetzt wollen wir Fraktur reden. In Hessen große antisemitische Kundgebungen. Die Synagogen werden niedergebrannt. Wenn man jetzt den Volkszorn einmal loslassen könnte!» Der Konjunktiv im letzten Satz lässt vermuten, dass Goebbels zu diesem frühen Zeitpunkt selbst noch gar nicht aktiv geworden war. Andernfalls hätte er naheliegenderweise den «Pilot-Pogrom» in Berlin durchführen lassen, wo er selbst Gauleiter war. Es spricht einiges dafür, dass die frühen Ausschreitungen nicht in Berlin vorbereitet und angeordnet wurden, sondern tatsächlich zunächst lokal ausbrachen – sicherlich von der Gauleitung in Kassel mitangestiftet. Die Angriffe waren organisiert, aber die Gewaltorgie von SA- und SS-Männern zog zahlreiche spontane Mitläufer an, die nicht unbedingt der NSDAP angehörten.

Noch vor Ausbruch der landesweiten Pogrome weiteten sich die antisemitischen Attacken in der Nacht vom 8. auf den 9. November im Gau Kurhessen aus. Mehr als zwei Dutzend Ortschaften in elf Landkreisen waren nun betroffen. Am Nachmittag und frühen Abend des 9. November brannten auch im Gau Magdeburg-Anhalt Synagogen und jüdische Gemeindehäuser, so in Dessau und Chemnitz. Die Gewaltbereitschaft der Pogromakteure wurde bereits in den ersten beiden Tagen erkennbar. Ein jüdischer Mann aus Felsberg in Nordhessen war das erste Todesopfer. Geschwächt durch eine Nieren- und Leberkrankheit, überlebte er die Tortur nicht, durch die Stadt getrieben und geschleift zu werden – er starb an einem Herzinfarkt.

Reichskristallnacht: Öffentliche Gewalt

Synagogen alle verbrannt. Wo Brandgefahr für umliegende Häuser, völlig zertrümmert. Alle Geschäfte ausnahmslos zerhauen und geplündert. Bis in die dritte Etage auch Engroshäuser. Wohnungen und Villen in Breslau vereinzelt. Oberschlesien viele Wohnungen [zerstört]. Dort auch Frauen einen Tag verhaftet. Bezirk Liegnitz anständiger behandelt. Geschäfte und Synagogen aber ebenso systematisch zerstört. […] Ich leider auch gefährdet. War am 10. November in Militsch und bin getürmt. Arbeit auf Dauer sinnlos. Volk: Bessere Leute schämen sich, kleine Leute gleichgültig, keine Seele kocht.

Der offenbar unter großer Anspannung entstandene und im Telegrammstil abgefasste Bericht einer jüdischen Augenzeugin aus Schlesien beschreibt wesentliche Merkmale der «Reichskristallnacht». Der zentrale – und symbolische – Angriffspunkt in Städten und Dörfern des gesamten Deutschen Reichs waren die Synagogen oder jüdischen Gebetshäuser. Sie wurden geplündert, in Brand gesteckt oder gar gesprengt. Die Feuerwehr kam reichsweit nur zum Einsatz, wenn es darum ging, angrenzende Häuser in nichtjüdischem Besitz zu schützen. Trotz des unbeschreiblichen Chaos, das in der Nacht vom 9. auf den 10. November 1938 auf den Straßen herrschte, muss von einer systematischen Zerstörung jüdischer Geschäfte und Wohnungen gesprochen werden. Sie traf Großstädte ebenso wie ländliche Ortschaften. Die Gewalttäter arbeiteten sich oft an Listen ab, sofern der häufig starke Alkoholkonsum sie nicht schon zu sehr verwirrt hatte. Die Verhaftungen jüdischer Männer, teilweise auch jüdischer Frauen, begannen noch in der Nacht und setzten sich in den nächsten Tagen fort. In Berichten aus allen Regionen des Reichs wird auf die indifferente Haltung der nichtjüdischen Bevölkerung hingewiesen. Abgesehen von einigen wenigen Ausnahmen konnten die Pogromtäter ungestört agieren.

Das Ausmaß der Zerstörungen und die genauen Opferzahlen der Novemberpogrome sind bis heute nicht vollständig erfasst. Über Jahrzehnte wurde in der Literatur Reinhard Heydrich zitiert, der damalige Leiter der Sicherheitspolizei und des SD. Er hatte schon am 11. November 1938 eine erste Bilanz an den Beauftragten für den Vierjahresplan, Generalfeldmarschall Hermann Göring, gesandt, in der er angab: 36 Tote, 191 abgebrannte und 76 vollständig zerstörte Synagogen, 815 zertrümmerte Geschäfte und 171 Wohnhäuser, die durch Brand oder sonstige Zerstörung nicht mehr bewohnbar waren. Einen Tag später korrigierte der hochrangige NS-Funktionär die Zahl der zerstörten jüdischen Geschäfte deutlich nach oben auf 7500. Im Februar 1939 führte das Oberste Parteigericht der NSDAP in einem Geheimbericht 91 Tötungen an. Nach heutigem Forschungsstand waren aber sowohl die Sachschäden als auch die Verluste an Menschenleben weitaus größer: 1406 Synagogen, mindestens 177 Wohnhäuser und bis zu 7500 jüdische Geschäfte wurden zerstört. 1300 bis 1500 Todesopfer sind anzunehmen, wenn man auch die in unmittelbarer Folge der Pogrome in Konzentrationslagern zu Tode gequälten oder in den Selbstmord getriebenen Juden mitzählt. Zu den vielen Vergewaltigungen jüdischer Frauen liegen bis heute keine genauen Angaben vor. 30756 jüdische Männer wurden ab dem 10. November verhaftet und in die Konzentrationslager Dachau, Sachsenhausen und Buchenwald verschleppt. Etwa 1000 dieser Pogromhäftlinge kamen bis Kriegsbeginn in den Lagern ums Leben.

Einen Überblick über die zahlreichen Verbrechen während der Novemberpogrome zu geben ist allein aufgrund der vielen Tatorte und unterschiedlichen lokalen Verläufe sehr schwierig. Selbst eine Rekonstruktion der Entscheidungsschritte, die im inneren Führungszirkel der NSDAP zu dieser folgenreichen Eskalation geführt haben, erscheint kompliziert, doch mittlerweile können die Vorgänge dank zahlreicher Forschungsarbeiten in weiten Teilen aufgezeigt werden.

Als Ernst vom Rath am 9. November um 16.30 Uhr in Paris seinen Verletzungen erlag, befand sich der größte Teil der NS-Elite in München; am Abend sollte dort die alljährliche Versammlung der NSDAP zur Erinnerung an den Hitler-Putsch von 1923 stattfinden. Fast 500 Mitglieder der NS-Führung kamen zu diesem Anlass zusammen, darunter auch Angehörige des «Stoßtrupps Adolf Hitler». Die 1923 als Leibwache des «Führers» gegründete Spezialeinheit war beim Putschversuch durch besondere Brutalität aufgefallen und deshalb 1924 verboten worden, doch spätestens seit 1933 existierte die Kämpfertruppe wieder als Traditionsverband. Diese engen Vertrauten Hitlers sollten für die Pogrome eine wichtige Rolle spielen; sie gehörten zu den Ersten, die losschlugen. Außerdem waren die Führer fast

sämtlicher NS-Organisationen anwesend: Reichsleiter, Gauleiter und deren Stellvertreter, Obergruppen- und Brigadeführer
von SA und SS.

Die oberste NS-Führung erfuhr vom Tod Ernst vom Raths,
bevor Goebbels zu der Versammlung sprach. Die Goebbels-Ta-
gebücher sind im Hinblick auf die Chronologie der Entschei-
dungsprozesse eine der zentralen uns zur Verfügung stehenden
Quellen – und eine der problematischsten, da man Goebbels'
selbstgerechte Aufzeichnungen, wie grundsätzlich sämtliche Tä-
terzeugnisse, mit Vorsicht behandeln muss. Am 10. November
1938 notierte er über die Ereignisse des Vortags:

> In Kassel und Dessau große Demonstrationen gegen die Juden, Syna-
> gogen in Brand gesteckt und Geschäfte demoliert. Nachmittags wird
> der Tod des deutschen Diplomaten vom Rath gemeldet. Nun aber ist
> es g[ar].
> Ich gehe zum Parteiempfang im alten Rathaus. Riesenbetrieb. Ich
> trage dem Führer die Angelegenheit vor. Er bestimmt: Demonstratio-
> nen weiterlaufen lassen. Polizei zurückziehen. Die Juden sollen ein-
> mal den Volkszorn zu verspüren bekommen. Das ist richtig. Ich gebe
> gleich entsprechende Anweisungen an Polizei und Partei. Dann rede
> ich kurz dementsprechend vor der Parteiführerschaft. Stürmischer
> Beifall. Alles saust gleich an die Telephone. Nun wird das Volk han-
> deln.

Hitler war schon bei den vorherigen antijüdischen Übergriffen
des Jahres darauf bedacht gewesen, dass sein Name nicht mit
den gewalttätigen Ausschreitungen in Verbindung gebracht
wurde. Das entsprach auch seinem sonstigen Verhalten in der
«Judenfrage». Die Presse war angewiesen, diese bei seinen Pro-
pagandareisen durch das Reich nicht zu thematisieren. Hitlers
öffentliche Wirkung im Inland wie im Ausland sollte zu diesem
Zeitpunkt, vor allem seit der Sudetenkrise, nicht durch die Gewaltakte beschädigt werden. Zwar initiierte Hitler nicht alle antisemitischen Maßnahmen – aber sie geschahen ausschließlich
mit seiner expliziten oder impliziten Billigung. Entsprechend
gab Goebbels erst nach dem Gespräch mit Hitler seine Anweisungen an die Parteigenossen und die Polizei. Hitler war derje-

nige, der das reichsweite Pogrom befahl, der Propagandaminister verkündete den Befehl.

Um den Radikalisierungsprozess zu begreifen, der von der Rücknahme der Emanzipation über die offene Diskriminierung und Entrechtung der Juden, über Pogrome, Beraubung und Vertreibung schließlich zum Genozid führte, sind Fragen nach den Entscheidungsträgern und der genauen Chronologie der Ereignisse von großer Bedeutung. Entsprechend werden sie oft zum Gegenstand von Kontroversen. Dies gilt auch für die wichtige Frage, wer wann die Entscheidung zum ersten reichsweiten Pogrom getroffen hat oder daran beteiligt war.

Alle Institutionen im NS-Staat verfolgten eigene Interessen, wenn sie sich für antisemitische Säuberungen einsetzten. Und sie konnten dies alle in dem Bewusstsein tun, dass sie sich damit ganz im Sinne Hitlers verhielten, ja, dass sie «dem Führer entgegenarbeiteten». Selbst wenn Hitler den Pogrom also nicht aktiv verlangte, war dieser ohne seine grundsätzliche Zustimmung undenkbar. Obwohl Hitler in der Öffentlichkeit nicht direkt damit in Zusammenhang gebracht werden wollte, hat er, wie schon Ian Kershaw in seiner Hitler-Biographie gezeigt hat, sämtliche Maßnahmen zum Pogrom gebilligt, einige aus dem Hintergrund auch selbst angeordnet. So untersagte er noch auf dem Weg zur Parteiversammlung im Alten Rathaus der Münchner Polizei, bei antijüdischen Ausschreitungen einzugreifen, und ordnete selbst an, 25 000 bis 30 000 Juden zu verhaften. Ein starker Impuls ging zwar sicher von Goebbels aus, aber Hitler hat ihn ermächtigt, zuzuschlagen.

Bereits in der Nacht vom 9. auf den 10. November wurde im engeren Kreis der NS-Führer Kritik an der Aktion laut. Göring und der Chef der Deutschen Polizei, Reichsführer SS Heinrich Himmler, waren mit dem von Hitler und Goebbels verfolgten Eskalationskurs nicht einverstanden. Sie bewirkten sehr bald den Abbruch der Pogrome, nicht wegen der brutalen Gewalt gegen Juden, sondern um, in Görings Worten, die «volkswirtschaftlich unsinnige Zerstörung von Sachwerten» zu beenden. In den nächsten Tagen verhält sich Hitler nach außen hin ambivalent. Als er am 10. November in München vor der Presse spricht, äußert er sich mit keinem Wort zum Pogrom; weder lobt er Goebbels, noch distanziert er sich von ihm. Privat trifft er den Propagandaminister in dessen Villa auf Schwanenwerder. Hitler war enttäuscht über die Kritik an dem Pogrom, doch niemand hielt ihn für den Verantwortlichen. Die Kritik richtete sich ausschließlich gegen Goebbels.

Dabei fügte sich das Attentat Herschel Grynszpans nahtlos in Hitlers Vorstellungswelt. Die Juden, so war er überzeugt, würden sich nun an die Seite der kriegsbereiten Mächte stellen, um Deutschland erneut zu vernichten. Im November 1938 eröffnete sich ihm die Möglichkeit, den Erzfeind Deutschlands, die Juden, zu zerstören. Hitler war getrieben von der Vorstellung einer «jüdischen Weltverschwörung», die vermeintliche Macht der Juden hatte sich für ihn bereits in der Niederlage des Ersten Weltkriegs gezeigt. Diese ständige existentielle Bedrohung durch die Juden verlangte nach einer Antwort. In *Mein Kampf* hatte Hitler schon Mitte der zwanziger Jahre geschrieben: «Hätte man zu Kriegsbeginn und während des Krieges einmal zwölf- oder fünfzehntausend dieser hebräischen Volksverderber so unter Giftgas gehalten, wie Hunderttausende unserer allerbesten deutschen Arbeiter aus allen Schichten und Berufen es im Felde erdulden mußten, dann wäre das Millionenopfer der Front nicht vergeblich gewesen.» In seiner berüchtigten Reichstagsrede vom 30. Januar 1939 wird Hitler den Massenmord noch deutlicher ankündigen: «Wenn es dem internationalen Finanzjudentum inner- und außerhalb Europas gelingen sollte, die Völker noch einmal in einen Weltkrieg zu stürzen, dann wird das Ergebnis nicht die Bolschewisierung der Erde und damit der Sieg des Judentums sein, sondern die Vernichtung der jüdischen Rasse in Europa.»

Noch will Hitler sich zurückhalten. Erst nachdem er am 9. November 1938 das – wie es in der Einladung hieß – «gesellige Zusammensein der Führerschaft der NSDAP» im Festsaal des Münchner Alten Rathauses verlassen hat, beginnt Goebbels zwischen 21.30 und 22 Uhr mit seiner antisemitischen Hetzrede. Eine Mitschrift der Rede ist nicht überliefert, sie lässt sich jedoch durch viele spätere Berichte rekonstruieren, vor allem durch den Bericht des Obersten Parteigerichts der NSDAP, der sich in entscheidenden Punkten mit den Einträgen in Goebbels' Tagebüchern deckt. Hauptpunkte seiner Rede waren: Jüdische Geschäfte und Synagogen sollten zerstört werden. Die Polizei solle sich dabei nicht einmischen, die Feuerwehr bei Brandanschlägen nicht löschen, außer es kämen arische Gebäude in Gefahr. Waffen von Juden sollten beschlagnahmt werden. Laut dem Bericht des Obersten Parteigerichts sagte Goebbels, Hitler habe beschlossen, dass die Gewaltattacken gegen Juden «von der Partei weder vorzubereiten noch zu organisieren seien, soweit sie spontan entstünden, sei ihnen aber auch nicht entgegenzutreten». Der Bericht macht außerdem die Entlastungsstrategie der Pogromstrategen deutlich: Die nur mündlich erteilten Weisungen wurden von den anwesenden Parteiführern so verstanden, dass die Partei nach außen hin nicht als Urheberin der Demonstrationen und Verwüstungen in Erscheinung treten, sie gleichzeitig aber betreiben solle.

Nach dem Ende von Goebbels' Rede gegen 22.30 Uhr beginnen die Parteifunktionäre zu den Telefonen zu laufen, um die eben empfangene mündliche Weisung an ihre regionalen Parteiverbände weiterzugeben. Die Telefone im Alten Rathaus reichen nicht aus, daher kommt in einigen Regionen die Anordnung mit Verzögerung an. Der Historiker Alain Steinweis hat die Weisungsübermittlung treffend als «stille Post» beschrieben, da die NS-Funktionäre jeweils ihre Fassung des Gehörten weitergaben und eine schriftliche Order erst viel später erfolgte. Dadurch sollte es zu sehr unterschiedlichen Formen der Gewalt kommen, auch zu brutalen Morden.

Noch während der hektischen Telefonaktion beginnen in München heftige Attacken gegen Juden. Jüdische Geschäfte in der Nähe des Alten Rathauses werden demoliert. Es ist davon auszugehen, dass Angehörige des «Stoßtrupps Adolf Hitler», die direkt aus dem Festsaal kamen, den Anfang machten. Die Stoßtrupp-Männer stellten immerhin zehn Prozent der Versammlung, fast alle hatten in der Nähe des «Führers» Platz genommen. Um 23.59 Uhr erreicht die Münchner Polizei der erste Alarm wegen eines Brandanschlags auf jüdisches Eigentum: Im

Bekleidungsgeschäft von Hans Weber in der Augustenstraße 113 lodern Flammen aus dem zerschlagenen Schaufenster.

Um 1.02 Uhr geht die orthodoxe Münchner Synagoge Ohel Jakob in der Herzog-Rudolf-Straße in Flammen auf. Als der Rabbiner Ernst Ehrentreu versucht, die 70 Thorarollen zu retten, wird er fast selbst ins Feuer geworfen. Goebbels notiert dazu am 10. November in sein Tagebuch: «Die Synagoge brennt. Gleich zum Gau. Dort weiß noch niemand etwas. Wir lassen nur soweit löschen, als das für die umliegenden Gebäude notwendig ist. Sonst abbrennen lassen. Der Stoßtrupp verrichtet fürchterliche Arbeit.» Was Goebbels beschreibt, ist tatsächlich die Arbeit von Hitlers engsten und schlagkräftigsten Kampfgefährten, den Männern des Stoßtrupps. Sie lösen mit brutalen Übergriffen den Pogrom in München aus und setzen die Verwüstung, die sich über das gesamte Stadtgebiet erstreckt, bis zum nächsten Morgen fort. Jüdische Geschäfte, Gewerbebetriebe, Kaufhäuser werden angegriffen, ebenso religiöse und soziale Einrichtungen der jüdischen Gemeinde.

Wie die attackierten Juden die neue Barbarei in Deutschland erlebten, darüber geben rund 350 Augenzeugenberichte Auskunft, die unmittelbar nach den Pogromen vom «Jüdischen Informationsdienst» unter der Leitung von Alfred Wiener in Amsterdam gesammelt wurden. Ein Münchner Augenzeuge, der nicht genau identifiziert werden kann, berichtete: «In München wurden sämtliche offenen Geschäfte demoliert und ausgeplündert, so vor allem noch bestehende Juweliergeschäfte. Das Kaufhaus Uhlfelder wurde gestürmt, alles kaputt gemacht und angezündet. Da aber Gefahr bestand, dass in den angrenzenden Häusern etwa 35 arische Familien hätten ums Leben kommen können, wurde wieder gelöscht. In dem großen Antiquitätengeschäft Bernheimer wurden die wertvollsten Antiquitäten vernichtet, Teppiche zerschnitten, Porzellan zerschlagen usw. Die beiden noch vorhandenen Synagogen wurden verbrannt. [...] Aus vielen Wohnungen wurden Radioapparate weggeholt, wobei natürlich auch andere Dinge gestohlen wurden. Telefonleitungen wurden durchschnitten. In nahezu allen Wohnungen erschienen, nachdem die Männer verhaftet und nach Dachau gebracht worden waren, jeweils zwei SS-Leute mit der Aufforderung an die zurückgebliebenen Frauen, innerhalb von 24 Stunden die Stadt zu verlassen.»

Auch in der Reichshauptstadt Berlin setzte die Gewaltorgie relativ früh, kurz nach 23 Uhr, ein. Erstes Ziel waren die zwölf Gemeindesynagogen in der Stadt und viele der rund siebzig Privat- und Vereinssynagogen. Goebbels selbst hatte dafür gesorgt, dass sie angegriffen wurden, was er unverblümt in seinem Tagebuch dokumentiert: «Ich weise Wächter in Berlin an, die Synagoge in der Fasanenstraße zerschlagen zu lassen. Er sagt nur dauernd: ‹Ehrenvoller Auftrag›.» Die Anweisung wurde von NSDAP-Kreisleiter Werner Wächter, Goebbels' rechter Hand, noch in derselben Nacht ausgeführt. Am nächsten Vormittag war das monumentale Gotteshaus der assimilierten Berliner Juden vollkommen ausgebrannt.

Bei den Anschlägen auf die Synagogen kam es zu brutalen Übergriffen, bis hin zu Morddrohungen gegenüber den Gemeindemitgliedern. Ein Augenzeuge berichtet:

In der Synagoge Pestalozzistraße in Berlin-Charlottenburg waren Donnerstag, den 10. November, mehrere Juden, darunter Berichterstatter, als junge Burschen in Zivil, aber deutlich als SS oder SA kenntlich, zumal sie sich über ihre ‹Formationen› unterhielten, eindrangen, vier Mann packten und unter Fußtritten in den Keller unter der Synagoge warfen (darunter Berichterstatter). Sie wurden wahnsinnig mit Stöcken verprügelt, ein Mann wurde gezwungen, einen anderen zu schlagen unter größten Drohungen, hinterher wurde der Stock an ihm kaputt geschlagen. Berichterstatter wurde an der Lippe verletzt, einem anderen wurden die Zähne herausgeschlagen, was sonst an Verletzungen geschehen ist, ist nicht bekannt. Sie mussten dann 2½ Stunden stehen und dann den sehr verschmutzten Keller sauber machen und wurden eingeschlossen. Als Berichterstatter eine Frage stellte, wurde ihm ein entsicherter Revolver an die Stirn gehalten: ‹Noch ein Wort und ich schieße dich über den Haufen.› Oder es wurde gesagt: ‹Nachher, wir haben ja noch Zeit, werden wir alle zusammen abknallen.› Der Anführer der Bande war zweifellos ein Akademiker von 23 bis 24 Jahren. Einer der Leute zeigte, wenn er alleine war, ein menschliches Rühren: ‹Seid ruhig, dann passiert euch nichts, ihr kommt bald heraus.›

Die Zerstörungsorgie zog sich in Berlin ebenfalls bis in die Morgenstunden hin. Geplündert wurde teils bis in die darauffolgende Nacht. «Unter den mehr als tausend jüdischen Ladengeschäften der Viermillionenstadt gibt es kein einziges, das nicht in einen Trümmerhaufen verwandelt ist», berichtete der Korrespondent der *Neuen Zürcher Zeitung* am 11. November 1938. Welches Bild sich im sogenannten Konfektionsviertel von Berlin-Mitte bot, erzählt eine «arische» Berlinerin: «In den Hauptstraßen sah es aus, als ob Berlin einem Bomben-Angriff ausgesetzt gewesen war. Aus den Schaufenstern war alles auf die Straße gezerrt. In den Radio-Geschäften waren die großen Apparate kurz und klein zerschlagen, in den Weinhandlungen standen Wein und Spirituosen fußhoch – überall, überall ein unbeschreibliches Chaos.» Herr A., ein holländischer Kaufmann, der bis zum 10. November in der Stadt war, schreibt noch am selben Abend auf: «An dieser Aktion waren SA-Leute in Zivil beteiligt, die eine Ziviljacke, aber SA-Hosen trugen und mit Eisen- und Brechstangen ihre Überfälle auf die Geschäfte unter dem Ruf ‹Juda verrecke› vollzogen. Sie waren meistens durch einen Obermann begleitet, der eine Liste hatte.» Allein in Berlin waren über 10 000 SA- und SS-Angehörige und Mitglieder der Hitlerjugend aktiv am Pogrom beteiligt. Die Zahl plündernder Bürger wird ebenso hoch eingeschätzt.

Im gesamten Reich trafen im Laufe der Nacht vom 9. auf den 10. November zu unterschiedlichen Zeiten die Anweisungen zum Pogrom ein. Die lokalen NSDAP- und SA-Verbände mobilisierten jeweils sofort ihre Mitglieder und schlugen los. Als Erste wurden die regionalen NSDAP-Dienststellen der Gauhauptstädte von München aus angewiesen. Die Organisationen von Partei und SA übermittelten den Aufruf zur Gewalt in sämtliche Regionen des Landes bis in die kleinsten Dörfer. Ein besonderes Merkmal der Novemberpogrome ist das ungeheure Ausmaß des Terrors gerade in ländlichen Ortschaften, wo in der Regel nur noch einige wenige Juden lebten – die mcisten waren sicherheitshalber und zur Organisation des Überlebens in die Großstädte gezogen und hatten sich dort den größeren jüdischen Gemeinden angeschlossen. 24 Stunden hielt die Wucht der Zerstörungswut an, in einigen Regionen auch länger.

Bemerkenswert ist der hohe Grad an Sadismus, der die Pogrome vielen Berichten zufolge kennzeichnete. Ein Augenzeuge schilderte: «Der Rabbiner A., 63 Jahre alt, musste während des Brennens der Synagoge und während Frauen und Kinder unter dem Ruf: ‹Alle Synagogen brennen!› sich um die Synagoge aufstellen mussten, zwei Stunden lang vor der Synagoge knien und wurde dann ins Lager abtransportiert, ist aber jetzt wieder freigelassen.» Rabbiner, Fettleibige, Schwache, Kinder und Alte wurden nach den Berichten oft zu Opfern besonderer Grausamkeiten, man könnte geradezu von Ritualen der Gewalt sprechen. In der Region um Erfurt ereignete sich Folgendes: «Vergessen hätte ich beinahe zu schreiben, dass die Kerle unseren Rabbiner, der sehr fromm ist, auf einen Stuhl setzten und ihm den Bart abschnitten. Seine ganze Kleidung haben sie in den Keller geworfen, Gläser mit Marmelade darüber geworfen und mit Bettfedern überstreut; Letzteres hat die Bande fast in allen jüdischen Häusern getan.» Im ostfriesischen Emden wurden die siebzig- bis achtzigjährigen Bewohner eines jüdischen Altersheims an der brennenden Synagoge vorbeigetrieben und dabei gezwungen zu singen. Auf dem Platz vor der Schule quälte man die alten Menschen mit Kniebeugen und anderen Turnübungen, bevor man sie am nächsten Morgen ins Heim zurückbrachte.

Die Pogromtäter stammten aus den Reihen der SA, der SS und den politischen Organisationen der NSDAP. In der Nacht des 9. November waren vorwiegend SA-Truppen aktiv. Sie hatten sich am Abend im gesamten Reich zu den Gedenkfeierlichkeiten getroffen und saßen in den Parteilokalen noch zusammen, als die Nachricht aus München eintraf. Sie konnten also unmittelbar mobil gemacht werden. Die meisten der Männer waren zwischen 25 und 45 Jahre alt, darunter auch einige «alte Kämpfer» der nationalsozialistischen Bewegung. Sie gehörten mehrheitlich der Mittel- und Arbeiterschicht an. Insgesamt bildeten sie einen repräsentativen Querschnitt der SA-Angehörigen. In den Morgenstunden und im Lauf des Tages erweiterte sich der Kreis der Täter jedoch erheblich.

Am 10. November beteiligte sich eine große Anzahl Jugendlicher an den Pogromen, und zwar sowohl in ländlichen Regionen wie in den Großstädten. In den Akten der Nachkriegsprozesse zu den Novemberpogromen – die Verfahren fanden zwischen 1947 und 1949 statt – ist ein erschreckendes Ausmaß an Entschlossenheit und Brutalität dokumentiert. Jugendliche wurden von regionalen Anführern der Hitlerjugend, von Parteifunktionären oder SA-Leuten angestachelt, auch Schulleiter entsandten ganze Schulklassen zu örtlichen Pogromattacken.

In Großen-Linden, einer mittelhessischen Kleinstadt, beteiligten sich am Vormittag des 10. November 1938 rund 200 Schüler am Angriff auf ihre jüdischen Nachbarn. Der Bürgermeister, zugleich Ortsgruppenleiter der NSDAP, war persönlich in der Volksschule erschienen, um Jugendliche zu rekrutieren. Der vierzigjährige Schulleiter Wilhelm S., der 1933 mit seinem Eintritt in die NSDAP zum Direktor befördert worden war, zeigte sich anfangs nicht begeistert von der Anordnung des Stadtoberhaupts. Doch schließlich zogen die Schüler der obersten vier Klassenstufen zu den nahegelegenen jüdischen Häusern, angeführt von ihren Lehrern, dem Direktor der Schule und dem Bürgermeister der Stadt. Eine stattliche Ansammlung von Einwohnern hatte sich hier bereits zusammengefunden, und rasch entfesselte sich eine gewalttätige Dynamik. Während die Erwachsenen in die Judenhäuser einbrachen, warfen die Jugendlichen die Scheiben ein. Zwei jüdische Kinder wurden mit ihrer Tante aus dem Haus gezerrt und direkt den Schülern übergeben, die sie bespuckten und mit Steinen bewarfen. Der Gewaltrausch, in den sich die Jugendlichen hineinsteigerten, nahm offenbar dermaßen überhand, dass der Schuldirektor einschritt und dem Treiben ein Ende setzte.

Eine der zahlreichen randalierenden Jugendgangs in Berlin stoppte in der Nacht vor der brennenden Synagoge in der Fasanenstraße einen Wagen, zerrte den Fahrer, der Jude war, heraus und schlug ihn zusammen. Auch in der Kleinstadt Büdingen im südöstlichen Hessen bestand der antisemitische Mob aus Halbwüchsigen und Erwachsenen. Bei der Zerstörungstour entlang der «Judenhäuser» drängten zwei Jugendliche die sechzigjährige Frau H. und ihren behinderten Mann in eine Besenkammer und schlugen brutal auf sie ein. Als die Frau aus dem Haus flüchten konnte, wurde sie erneut von einer Gruppe von Teenagern angegriffen. Anstachelung, antisemitische Indoktrination und die bis dahin stetig gesteigerte Ausgrenzung von Juden taten ihre Wirkung: Auch bei Jugendlichen entluden sich in der Pogromnacht in einem erschreckendem Ausmaß Aggressionen gegen die deutschen Juden.

Hellmut Traub, ein junger Pfarrer der Bekennenden Kirche, berichtete von seinen Erlebnissen im Konfirmandenunterricht am 10. November 1938 in Caputh bei Potsdam, wo er gelangweilten, «disziplinlosen Burschen» gegenüberstand, die, von der Hitlerjugend indoktriniert, der Kirche feindlich gesinnt waren: «Auf die Aufforderung, sich zu setzen, erhob sich Geschrei, und auf einen Wink ergriffen sie alle ihre Bibeln, rissen unter wildem Hohngebrüll und brutalen Gesten das Alte Testament aus den Bibeln und schmissen es an die Wand, in die Luft, zum Fenster heraus – unter schrecklichem Gelächter. Obgleich ich sie sofort hatte anfahren wollen, stand ich fassungslos wie gelähmt da – da dabei! Nun stürzten sie sich schon auf mich, schlossen mich in einem Kreis ein. Dann überschrien sie sich mit Schilderungen, wie sie in der vergangenen Nacht das jüdische Kinderheim überfallen, die Fenster eingeworfen, die jüdischen Waisenkinder durch brennende Papierkugeln erschreckt hätten.»

Von den Zuschauern, die zunächst nicht in die Angriffe involviert waren, traten viele am 10. November doch noch in Aktion und beteiligten sich an Plünderungen. Trotz der Weisung an die Polizeidienststellen des Reiches, Plünderungen strikt zu unterbinden, wurde die Gunst der Stunde genutzt, um aufgebrochene jüdische Geschäfte und Wohnhäuser hemmungslos auszuräumen. Auch unter den Plünderern befanden sich zahlreiche Jugendliche. Auffallend hoch war zudem der Anteil an Frauen, die zum Teil systematisch raubend durch die Straßen zogen. Doch auch Angehörige von SA und SS ließen sich die Chance, sich an jüdischem Eigentum zu bereichern, nicht entgehen. So berichtete die *New York Times* am 10. November 1938 über organisierte Beutezüge vermeintlich ziviler Horden, die mit Nazistiefeln bekleidet in Autos durch die Berliner Innenstadt fuhren. «Die Vandalen sprangen schnell von ihren Wagen und zerschlugen die Schaufenster, unterstützt vom Lachen und den Scherzen von Schaulustigen. Die Waren wurden aus den Auslagen und den Schaukästen entfernt und in die Autos geladen, und dann ging es weiter zum nächsten jüdischen Juwelier.»

Die Trennungslinie zwischen der vom «Führer» und der Parteielite gewünschten Gesetzesüberschreitung und deren Grenzen war unscharf. Die mündlich übermittelten Befehle zum Pogrom taten das Ihre, um ebendiese Grenzen auszudehnen. Für die angegriffenen deutschen Juden waren diese Hintergründe weder erkennbar noch von Bedeutung. Sie erlebten in dieser Nacht die Zerstörung und Verwüstung ihres Eigentums und ihrer religiösen Stätten, waren brutaler Gewalt, Erniedrigungen und Demütigungen bis hin zu schierem Sadismus und Mord ausgesetzt. Was in der «Reichskristallnacht» zutage trat, war das ungeheure Potential an Hass und Verachtung, mit dem das NS-Regime und große Teile der Bevölkerung in aller Öffentlichkeit dem angeblichen Feind im Innern, den Juden, den Krieg erklärt hatten. Mit dieser Kriegserklärung wurde eine weitere Grenze überschritten, denn jetzt setzten im großen Stil die schmachvollen, öffentlich inszenierten Demütigungen ein, mit denen jüdische Nachbarn, Kollegen und Mitbürger entpersonalisiert und als «Juden» stigmatisiert wurden.

Kommunale Amtsträger verhielten sich mehrheitlich so, wie man es von ihnen erwartete: Sie mischten sich nicht ein und ließen den Geschehnissen ihren Lauf. Nur in Ausnahmefällen intervenierten einzelne couragierte Polizisten oder Feuerwehrmänner, meist allerdings nur, um Sachschaden zu verhindern. Der Täterkreis der Reichskristallnacht war nicht auf die NSDAP oder die SA zu begrenzen. Nicht nur geschah, was den Juden und Jüdinnen angetan wurde, in aller Öffentlichkeit, es beteiligten sich auch so viele Menschen daran, dass die deutsche Gesellschaft von nun an eine andere war.

Massenverhaftungen, «Arisierung» und Vertreibung

In aller Öffentlichkeit fand auch eine Maßnahme statt, die nicht von Goebbels angeordnet worden war. Der Propagandaminister hatte die beiden führenden Köpfe der Polizei, Himmler und Heydrich, nicht frühzeitig über sein Vorhaben informiert, auf der Parteiversammlung in München zu einem landesweiten Pogrom aufzurufen. Dies sorgte offenbar für Verwirrung. So meldete sich die Staatspolizeileitstelle München am 9. November kurz nach 23 Uhr bei Heydrich und verlangte klare Weisungen. Die nun befohlenen Massenverhaftungen entsprachen den Plänen Himmlers, wie er sie am Tag zuvor in einer Rede vor SS-Generälen ausgeführt hatte. Sein Ziel sei es, sämtliche Juden aus Deutschland zu vertreiben, dazu wolle er präzedenzlose Maßnahmen einsetzen: «In Deutschland kann sich der Jude nicht halten. – Das ist eine Frage von Jahren. – Wir werden sie mit einer beispiellosen Rücksichtslosigkeit mehr und mehr heraustreiben.»

Ein Schritt in diese Richtung waren die bereits erwähnten Massenverhaftungen zwischen dem 10. und 16. November 1938. Im gesamten deutschen Reich wurden 30 756 Juden zu Hause, auf der Straße, am Arbeitsplatz oder aus Verstecken heraus verhaftet und in die Konzentrationslager Buchenwald, Dachau und Sachsenhausen gebracht. Federführend bei der systematischen Verhaftungswelle war der Polizeiapparat Himmlers. Der Reichsführer SS und Chef der Deutschen Polizei brachte sich mit dieser Aktion innerhalb des nationalsozialistischen Machtapparats in Stellung. Am 9. November um 23.55 Uhr versandte der stellvertretende Gestapo-Chef Heinrich Müller ein Fernschreiben an sämtliche Stapo-Dienststellen, das nachts um 1.20 Uhr von Heydrich in einem Blitz-Fernschreiben präzisiert wurde: Aufgrund des Attentats auf vom Rath seien «im ganzen Reich Demonstrationen gegen die Juden zu erwarten». Diese seien nicht zu behindern, Juden und jüdisches Eigentum sollten von der Polizei nicht geschützt werden, Plünderungen seien jedoch zu unterbinden. Himmler hatte die «Festnahme von etwa 20–30 000 Juden im Reiche» angeordnet, ausgewählt werden sollten «vor allem vermögende Juden». Heydrich unterstrich dies und ergänzte, es seien «zunächst nur gesunde männliche Juden nicht zu hohen Alters» festzunehmen und unverzüglich an die Konzentrationslager zu überstellen.

Überstürzt begann in den Morgenstunden des 10. November unter dem Deckmantel der vermeintlich legalen «Schutzhaft» im ganzen Reich die Hetzjagd auf Juden. Diejenigen, die rechtzeitig von der Verhaftungswelle erfahren hatten, versuchten sich zu verstecken. In den Großstädten waren manche tage- und nächtelang auf der Straße oder fuhren mit öffentlichen Verkehrsmitteln hin und her, andere kamen bei jüdischen Freunden und Bekannten unter, wo die Männer bereits abgeholt worden waren, oder bei Nichtjuden, die ihnen Unterschlupf gewährten. Viele Juden tauchten in diesen Tagen zum ersten Mal unter, einigen gelang die Flucht ins Ausland. Die Möglichkeiten, sich gegenseitig zu warnen, waren sehr beschränkt. Ein Augenzeuge aus Berlin berichtete: «Telefonische Verbindungen mit jüdischen Familien in den Provinzstädten waren vielfach unmöglich, entweder weil die Betreffenden sich nicht in den Wohnungen befanden oder das Amt keine Verbindung mit jüdischen Teilnehmern durchführte.» Oft waren die Telefone einfach zerstört worden.

Durchgeführt wurden die Verhaftungen von der Gestapo und den örtlichen Polizeibehörden, unterstützt durch regionale NS-Organisationen. So war auch die Hitlerjugend beteiligt, und in einigen Fällen ermächtigte sich der antisemitische Mob selbst, Verhaftungen vorzunehmen; wie ein Augenzeuge aus Leipzig schilderte, kamen teils «Rotten von offenbar unbefugten Menschen und holten aus den Wohnungen jüdische Männer heraus, um sie der Polizeibehörde zuzuführen». Durch die empirische Auswertung der Aussagen aus den Nachkriegsprozessen zur Kristallnacht wissen wir heute, dass die Verhaftungen sehr unterschiedlich vor sich gingen, je nachdem welche Gruppe von NS-Funktionsträgern sie vornahm. In Berlin liefen sie eher human ab, während in Wien eine systematische Treibjagd auf Juden veranstaltet wurde, gefolgt von gewalttätigen Übergriffen in der Haft. Der Tendenz nach benahmen sich Angehörige der

Polizei zivilisierter als die meist ad hoc zur Verstärkung hinzu-
kommenden SA- und SS-Leute, die die Verhafteten erniedrigten
und willkürlich und brutal zuschlugen. Der Kreis der Festge-
nommenen beschränkte sich – abgesehen von den Großstädten – keineswegs auf gesunde jüdische Männer nicht zu hohen
Alters, sondern wurde gerade in ländlichen Regionen auf jüdische Frauen, Kinder und Greise ausgedehnt. Die meisten Verhaftungen waren mit Demütigungen, Schlägen und Misshandlungen, ja mit Folterungen verbunden, die mit der Einlieferung
in die Konzentrationslager ihre furchtbare Fortsetzung fanden.
Aus späterer Sicht kündigten sich hier erstmals das mörderische
KZ-System und die Todeslager im «Osten» an.

Ein Augenzeugenbericht aus Nordhausen, wo 1943 das Konzentrationslager Mittelbau-Dora als Außenlager von Buchenwald errichtet wurde, zeigt dies deutlich. Die jüdische Bevölkerung Nordhausens bestand im November 1938 noch aus
400 Menschen.

Nachts, pünktlich um 1.30 Uhr ging es los. SA und SS von Nordhausen und von außerhalb kamen in Autos von einer Versammlung. Sie
waren alle betrunken. Man hörte Gejohle in den Straßen, das Ein-
schlagen von Fensterscheiben und Rufe: ‹Zur Synagoge!› Aus der Synagoge wurde alles herausgeschleppt und verbrannt. Vor meiner Tür
wurde ein Tallis [Gebetsmantel] verbrannt, dann wurde die Synagoge selbst angezündet. Die Feuerwehr war rechtzeitig zur Stelle und
sorgte dafür, dass der Brand lokalisiert blieb. Inzwischen holten die
betrunkenen SA- und SS-Männer alle Juden, Männer, Frauen, Kinder und Schwerkranke und Greise, aus ihren Wohnungen. Teils noch
in Nachthemden wurden wir dann in Autos zum ‹Siechenhof› (eine
Art Obdachlosenasyl) gebracht. Natürlich wurden beim Abholen
auch die Wohnungen demoliert, Betten zerschnitten, Stuhlbeine abgebrochen, alle Fensterscheiben von jüdischen Läden wurden eingeschlagen … Außer ganz wenigen Personen, die offensichtlich vergessen worden waren (diese wurden am nächsten Morgen in verhältnis-
mäßig freundlicher Form herausgeholt), kam alles schon geschlagen
und geprügelt auf dem Siechenhof an. Auch zwei- und dreijährige
Kinder waren in der Gruppe. Auf dem Siechenhof wurde weiter geprügelt. Ich erkannte einen Oberscharführer unter den Prügelnden.
Besonders hervorgetan hat sich der Sturmbannführer Sander, der wie

verrückt draufgeschlagen und getreten hat. Auch alte Frauen wurden gehauen und geschlagen. Die Polizei hat teilweise versucht, das Schlimmste zu verhindern, konnte aber nicht allzu viel erreichen. Im Hof des Siechenhofs wurden wir getreten und herumgejagt. Es war kalt und ein Teil war fast nackt … Auch die Frauen mussten auf Befehl hin und her laufen. Erst am nächsten Morgen gegen 8 Uhr wurden sie entlassen. Die Männer im Alter von 15–85 Jahren wurden von den Frauen getrennt. Keiner durfte austreten, und die SS-Leute brüllten: ‹Scheißt in die Hose!› […] Am nächsten Tag (10. November) morgens wurden wir alle, auch die, die in der Nacht vergessen worden waren, mit Überlandautobussen nach Buchenwald (90 km) gebracht. Wir waren 78 Mann aus Nordhausen. In Buchenwald ging es noch einmal richtig los … Die SS hat uns mit neunschwänzigen Peitschen buchstäblich ins Lager reingeprügelt. Besonders schlecht kamen dabei weg: Gerson, ein Amtsgerichtsrat, schon mit 6 Jahren getauft, mit arischer Frau und Sohn. Er wurde furchtbar zugerichtet. [Rudolf Walter Hans Gerson, geb. 1890, starb am 19. November 1938 in Buchenwald, angeblich an Herzschwäche; R. G.] […] Nach uns kamen 600 Mann aus Erfurt an. Sie alle waren blutig geschlagen, einem war das Auge ausgelaufen, sie waren mit Stöcken und Eisenruten so zugerichtet worden. Zwei Mann aus Erfurt waren in Nachthemd und Hausschuhen. Alle trugen Verbände. […] Wir bekamen dann die Haare kurz geschoren, und unsere Personalien wurden aufgenommen etc. Dann wurde mitgeteilt, dass für alle Juden bis auf weiteres Post- und Kantinenverbot verhängt worden sei. Bis Freitagabend (Donnerstag wurden wir eingeliefert) bekamen wir nichts zu essen. In Buchenwald gab es zu der Zeit zwei Baracken, in denen normalerweise je 500 Menschen untergebracht werden können. Wir waren 2500 in einer Baracke! Auch in der Nacht wurde geprügelt. Viele, viele sind verrückt geworden. In der ersten Nacht sind allein aus unserer Baracke 260 Mann verrückt geworden. Die Verrückten wurden gebunden und geprügelt und dann in die Waschküche geschleppt, wo sie totgeschlagen wurden.

Von den Nordhäusern sind im Konzentrationslager umgekommen:

1) Singer, Vater des Lehrers von Nordhausen, 60 Jahre alt. Er wurde in der Nacht vom Sonntag auf Montag verrückt und ist in der Waschküche totgeschlagen worden.

2) Sohn von Singer, Lehrer, ging ins Drahtverhau, weil er es nicht mit ansehen konnte, wie sein Vater, mit der Hand angebunden, über den ganzen Hof geschleift wurde.

3) Amtsgerichtsrat Gerson, wollte ins Drahtverhau, ist dann gebunden und totgeschlagen worden.
4) Ernst Plau, in der Waschküche erledigt.
5) Bacharach, 81 Jahre alt, totgeschlagen.
6) Lewin, 70 Jahre alt, totgeschlagen.
7) Wolf, ist nicht im Konzentrationslager, sondern an den Folgen der Misshandlungen in Nordhausen gestorben.

So sah die von Himmler angekündigte «Rücksichtslosigkeit» aus. Nach dem Chaos der ersten Verhaftungswelle, das durch die unklare Befehlslage und den bereitwilligen Zugriff von SS- und SA-Akteuren entstanden war, entließ die Polizei bald viele der Verhafteten wieder, darunter Frauen und Kinder, Kriegsveteranen sowie diejenigen, die ihre Auswanderungsbemühungen belegen konnten. Die in den Konzentrationslagern verbleibenden Juden dienten fortan als Geiseln, mit denen die «Arisierung» erpresst und die Auswanderung unter Mordandrohung vorangetrieben wurde.

Während Himmler und Heydrich mit den Massenverhaftungen das ihnen unterstellte KZ-System stärkten, den Austreibungsdruck systematisierten und die deutsche Wirtschaft «arisierten», waren die öffentlichen Gewaltorgien ganz im Sinne von Goebbels, der damit gegenüber den treuen Parteigenossen die antisemitische Radikalität der Bewegung unter Beweis stellen konnte. Die letzte Entscheidungsgewalt für beide Ziele der «Judenpolitik» lag jedoch bei Hitler selbst – in der Reichskristallnacht hatte er beide gleichzeitig verfolgen lassen.

Abbruch der Pogrome

«Kriege müssen nun mal mit den Mitteln geführt werden, die den Feind am schwersten treffen, ihn wohl gar vernichten. [...] Die verwundbarsten Stellen für den Juden [...] sind seine Synagogen und sein Geld.» So schrieb ein Mann der Kirche, Pastor Wilhelm Goebel, unmittelbar nach der Kristallnacht. Und trotzdem, dieser Krieg gegen den jüdischen Feind konnte bei aller Zustimmung nicht lange offen auf den Straßen des Deutschen Reiches geführt werden.

Am 10. November 1938 gegen zwei Uhr nachts erfuhr Goebbels von der Ermordung eines polnischen Juden. Ein erster ausländischer Staatsbürger war damit Opfer der Pogrome geworden. Die NS-Führung musste befürchten, dass die Gewaltexzesse nicht mehr zu lenken waren. Der Abbruch der Aktion erschien angezeigt. Doch Goebbels' Reaktion fiel anders aus. Laut einem späteren Bericht des Obersten Parteigerichts der NSDAP reagierte er mit brutaler Abgeklärtheit auf die Nachricht. Der Melder solle sich «wegen eines toten Juden nicht aufregen», antwortete er nach Aussage des stellvertretenden Gauleiters von München-Oberbayern, in den nächsten Tagen müssten sowieso Tausende von Juden «dran glauben». Zum Abbruch der Aktion kam es dennoch, und zwar aus Sorge um «arische» Wohnhäuser, Geschäfte und andere Immobilien, die an Synagogen und jüdische Einrichtungen angrenzten und durch die Brände gefährdet waren. In den Morgenstunden des 10. November übermittelte Rudolf Heß, Hitlers Stellvertreter, per Fernschreiben die Weisung an die Gauleitungen: «Auf ausdrücklichen Befehl allerhöchster Stelle dürfen Brandlegungen an jüdischen Geschäften oder dergleichen auf gar keinen Fall und unter keinen Umständen erfolgen.»

Am Mittag des 10. November trafen sich Hitler und Goebbels im Münchner Restaurant Osteria Bavaria. Goebbels hielt dazu in seinem Tagebuch fest: «Der Führer will zu sehr scharfen Maßnahmen gegen die Juden schreiten.» Der erste Schritt, die antijüdischen Maßnahmen zu verschärfen, war die «Arisierung» jüdischen Eigentums. Die Aktionen, so beschlossen die beiden Männer, sollten ab sofort beendet werden. Goebbels hatte schon eine entsprechende Weisung mitgebracht, der Hitler zustimmte. Wenige Stunden später wurde sie im Radio verlesen, und am nächsten Tag erschien der Erlass auf den Titelseiten der Zeitungen:

Reichsminister Dr. Goebbels gibt bekannt: Die berechtigte und verständliche Empörung des Deutschen Volkes über den feigen jüdischen Meuchelmord an einem deutschen Diplomaten in Paris hat sich in der vergangenen Nacht Luft verschafft. In zahlreichen Städten und Orten des Reiches wurden Vergeltungsaktionen gegen jüdische Gebäude und Geschäfte vorgenommen.

Es ergeht nunmehr an die gesamte Bevölkerung die strenge Aufforderung, von allen weiteren Demonstrationen und Aktionen gegen das Judentum, gleichgültig welcher Art, sofort abzusehen. Die endgültige Antwort auf das jüdische Attentat in Paris wird auf dem Wege der Gesetzgebung bzw. der Verordnung dem Judentum erteilt werden.

Ebenfalls am 10. November ordnete der Propagandaminister in einem Schreiben an sämtliche Gauleiter an, dass «die demolierten Judengeschäfte in kürzester Frist auf Kosten ihrer jüdischen Inhaber wieder in Ordnung gebracht werden» sollten; entsprechende Maßnahmen hätten die Gauleiter mit der Polizei zu treffen. Doch zunächst müssten die antijüdischen Aktionen «mit derselben Schnelligkeit, mit der sie entstanden sind, nunmehr eingestellt werden. Sie haben den von ihnen erwünschten und erwarteten Zweck erfüllt».

Die einmal entfesselten Parteigenossen ließen sich jedoch nicht so abrupt stoppen. In einigen Städten und Regionen des Deutschen Reichs hatten die Attacken aufgrund der langwierigen Weisungsübermittlung erst am Vormittag des 10. Novembers begonnen, in anderen nahmen sich die Zerstörungstrupps von SS und SA ohne Unterlass weitere jüdische Geschäfte, Einrichtungen und Wohnungen vor. In Hannover hatten SS- und SA-Trupps in der Pogromnacht die Neue Synagoge niedergebrannt. Am 10. November begann die «Sonderaktion Benson», benannt nach dem SS-Oberführer Kurt Benson, der mit Unterstützung des 1. SS-Sturmbanns bis in die Nacht des 11. November immer neue Angriffe gegen Juden in der Stadt organisierte.

Nach dem Bericht von Odilo Globocnik, damals Gauleiter von Wien, traf die Anordnung zum Abbruch der Pogrome dort am 10. November um 16 Uhr ein, drei Stunden später endeten Zerstörung und Gewaltexzesse. Globocnik schätzte die Schäden in Wien auf 1 Million Reichsmark. Um ein Vielfaches höher, nämlich bei 25 Millionen Reichsmark, lag ihm zufolge der Wert des beschlagnahmten jüdischen Eigentums. Fünf Tage und Nächte lang sei das Raubgut gesichtet und «listenmäßig»

erfasst worden. Der Gauleiter zählte die Vorteile auf, die sich
aus der «Aktion» ergaben:

1.) Es wurden von den 5000 zu sperrenden, laut Planung, Einzel-
Kleinhandelsgeschäften 4000 innerhalb kürzester Zeit gesperrt
und dadurch der arische Kleinhandel auf eine gesunde Wirt-
schaftslage gebracht und gestärkt.

2.) Die Lagerbestände werden an die arischen Geschäftsleute [...]
abgegeben.

3.) Leicht verderbliche Lebensmittel wurden der NSV [der Nationalsozialistischen Volkswohlfahrt] übergeben.

4.) Ca. 2000 Parteigenossen haben durch diese Aktion entsprechende Kleinwohnungen erhalten.

Die Folgen der Pogrome waren für die deutschen Juden grauen-
voll: 20 Prozent der männlichen jüdischen Bevölkerung des
Deutschen Reiches befanden sich im November 1938 in KZ-
Haft. Viele Ältere und physisch Geschwächte sollten bereits
diese ersten grausamen Misshandlungen nicht überleben. Die
jüdischen Männer wurden aber nicht nur physisch und psy-
chisch terrorisiert, auf die Erniedrigungsrituale folgte für die
meisten eine Phase der blanken ökonomischen Erpressung: Die
NS-Führung machte die Juden in den Lagern zu Geiseln. Ihre
«Freiheit», sofern man von einer solchen nach der Entlassung
aus den Lagern für sie überhaupt noch sprechen kann, erhielten
sie erst, wenn sie einer «Arisierung» ihrer Geschäfte zugestimmt
hatten oder – was meist auf dasselbe hinauslief – wenn sie nach-
weisen konnten, dass sie unmittelbar nach der Haftentlassung
auswandern würden. Oftmals hatten ihre verzweifelten
Frauen – unter ständiger Angst um das Leben ihrer Männer –
die bürokratischen Hürden zu überwinden, um noch vorhan-
dene Geschäfte an «Arier» zu verkaufen und Papiere für die
Einwanderung in ein Aufnahmeland zu besorgen. In einem
Klima der Angst im Inneren und konfrontiert mit einem starken
Antisemitismus auch außerhalb Deutschlands waren dies schier
unüberwindliche Aufgaben. Nach dem 9. November 1938 be-
ruhigte sich die Lage für die meisten deutschen Juden auch
kurzfristig nicht mehr. Tagtäglich wurde ihre Lebenssituation

schon aufgrund immer neuer diskriminierender Gesetze und Verordnungen unerträglicher.

Für die nichtjüdische Bevölkerung Deutschlands nahm die Entwicklung einen anderen Lauf. Auf den Straßen war oft schon am 10. November von der offenen Gewalt nichts mehr zu spüren. Spätestens nach den letzten Verhaftungen am 16. November kehrte der Alltag wieder ein, als sei nichts gewesen. Die NS-Führung war nun darum bemüht, gegenüber der nichtjüdischen Bevölkerung und gegenüber ausländischen Beobachtern den Anschein von Normalität zu erwecken.

3. Reaktionen

Jüdische Reaktionen

1939 veröffentlichte der antifaschistische Journalist Konrad Heiden im Exil das erste Buch über die Novemberpogrome: *The New Inquisition*. Als Quelle für seine Analyse benutzte er die von Alfred Wiener und seinen Mitarbeitern gesammelten Berichte jüdischer und nichtjüdischer Augenzeugen. Was Heiden «neue Inquisition» nannte, war nach seiner Einschätzung noch viel schrecklicher als die spanische Inquisition: Die Nationalsozialisten planten, die deutschen Juden zu vernichten, egal, wie die Juden im In- und Ausland reagierten. Kurz nach den Pogromen zeigte er sich damit als aufmerksamer Beobachter und deutlicher Warner. Obwohl es zu diesem Zeitpunkt noch keinen Plan des NS-Staats zum Judenmord gab, erahnte Heiden, dass es am Ende genau darauf hinauslaufen sollte. Schon 1938 wiesen die Zeichen in diese Richtung.

Dass mit den Novemberpogromen eine Grenze überschritten worden war, erkannten auch innerhalb Deutschlands viele jüdische Beobachter; oftmals hatten sie es am eigenen Leib erfahren müssen. So stellte etwa die Reichsvertretung der Juden fest, das Jahr 1938 markiere einen «historischen Wendepunkt» im

Schicksal der deutschen Juden. Nur eine Frage beschäftigte fortan die jüdischen Organisationen: Wie konnte man die Auswanderung möglichst schnell und weitgehend vereinfachen?

Gleichzeitig waren die jüdischen Einrichtungen im Zuge der Pogrome weitgehend zerschlagen worden. Am 10. November 1938 schloss die Gestapo im Altreich sämtliche Büros und Verwaltungsstellen der jüdischen Gemeinden und Organisationen, fast alle ihre Vorsteher wurden verhaftet. Der wichtigste Repräsentant des deutschen Judentums, der liberale Rabbiner Leo Baeck, wurde unter Hausarrest gestellt. Sämtliche jüdischen Zeitungen und Zeitschriften waren von diesem Tag an verboten.

Die bedeutendste jüdische Dachorganisation, die am 17. September 1933 gegründete Reichsvertretung der Deutschen Juden, der 1938 bereits der Status einer Körperschaft öffentlichen Rechts aberkannt worden war, wurde im Februar 1939 zwangsweise zur «Reichsvereinigung der Juden in Deutschland» umstrukturiert; das entsprechende Gesetz trat am 4. Juli 1939 in Kraft. Die erzwungene Umbildung ging mit weitreichenden Einschränkungen einher, insbesondere wurden die demokratische Struktur zerstört und den Gemeindemitgliedern jedes Mitspracherecht genommen. Die Repräsentanten der Reichsvereinigung wurden nicht mehr wie bislang gewählt, sondern von der Sicherheitspolizei eingesetzt. Sie unterstanden von nun an der Gestapo, der sie regelmäßig zu berichten hatten und deren Kontrolle und Willkür sie vollkommen ausgeliefert waren. All diejenigen, die nach den 1935 erlassenen «Nürnberger Rassegesetzen» als «Juden» galten, mussten der Reichsvereinigung beitreten. Sie war nun keine freiwillige Dachvereinigung jüdischer Gemeinden mehr, sondern eine den neuen Rassendefinitionen untergeordnete Zwangsgemeinschaft. Schon 1935 durften sich die Juden nicht mehr als «deutsche Juden» in ihrer Dachorganisation vereinen, sondern waren zu «Juden in Deutschland» geworden.

Die deutschen Juden wurden gezwungen, die rassistischen Kategorien des nationalsozialistischen Staates selbst anzuwenden. Entsprechend war die Stimmung in den jüdischen Gemeinden katastrophal. Die Angst und die Hoffnungslosigkeit der Gemeindemitglieder spiegeln sich in der stark ansteigenden Selbstmordrate. Wie schon im Frühjahr 1933, als die deutschen Juden erstmals eine massive Entrechtung, insbesondere in ihrer Berufsausübung, erdulden mussten, kam es im November 1938 reichsweit zu 300 bis 500 Selbstmorden. Bis heute zeugen zahlreiche Grabsteine auf jüdischen Friedhöfen von der damaligen Todeswelle.

Aktionen der deutschen Reichsregierung

Am 12. November 1938 fand eine Besprechung im Reichsluftfahrtministerium statt, die Hermann Göring einberufen hatte. In der fast vierstündigen Sitzung beratschlagten viele hohe Beamte, Minister und Staatssekretäre über die antijüdische Politik nach den Pogromen. Mehr als hundert Teilnehmer fanden sich ein. Neben Göring und Goebbels waren unter anderen der Reichsminister des Innern, Wilhelm Frick, der Reichswirtschaftsminister Walther Funk, der Reichsfinanzminister Johann Ludwig Graf Schwerin von Krosigk, der Chef der Sicherheitspolizei und des SD, Reinhard Heydrich, anwesend. Aus dem Reichsinnenministerium nahmen Staatssekretär Wilhelm Stuckart und Rassereferent Bernhard Lösener teil, vom Auswärtigen Amt der Leiter der Politischen Abteilung, Ernst Woermann, sowie der Judenreferent Emil Schumburg. Adolf Eichmann, der Judenreferent des SD, war eigens aus Wien angereist. Karl Blessing, Direktoriumsmitglied der Reichsbank und ein angesehener deutscher Kaufmann – von 1958 bis 1969 amtierte er als Präsident der Deutschen Bundesbank – war ebenso anwesend wie Eduard Hilgard, Vorstandsmitglied der größten deutschen Versicherung, der Allianz, und Leiter der Reichsgruppe Versicherungen. Die Teilnehmer der Sitzung berieten über Maßnahmen zur weiteren Verschärfung der antijüdischen Politik. Drei Bereiche standen dabei im Zentrum, die Entrechtung der Juden, ihre wirtschaftliche und finanzielle Enteignung und Ausplünderung und die Forcierung der jüdischen Auswanderung.

Die Sitzung eröffnete Göring mit der Erklärung, Hitler habe

gefordert, die «Judenfrage» jetzt einheitlich zusammenzufassen und «so oder so zur Erledigung zu bringen». Dazu sei die Zusammenarbeit verschiedener Ministerien erforderlich. Göring ließ bei der folgenden Besprechung nichts unversucht, um die antijüdische Politik des Reiches zu radikalisieren, gehörte aber als Beauftragter für den Vierjahresplan zugleich zu den schärfsten Kritikern des Pogroms. Gleich zu Beginn der Sitzung empörte er sich: «Wir haben jetzt diese Sache in Paris gehabt. Darauf folgten wieder die Demonstrationen, und jetzt muß etwas geschehen! Denn, meine Herren, diese Demonstrationen habe ich satt. Sie schädigen nicht den Juden, sondern schließlich mich, der ich die Wirtschaft als letzte Instanz zusammenzufassen habe.» Es würden «Volksgüter» zerstört, und der entstandene Schaden treffe «leider Gottes nicht den Juden», sondern «die deutschen Versicherungsgesellschaften». Er werde eine Anordnung erlassen, damit die Versicherungen nicht für die Schäden aufzukommen hätten. Gewalt gegen Juden auszuüben war nicht Görings Problem. Mit einem Satz machte er dies für alle Anwesenden klar und sprach damit aus, was einige im Raum dachten: «Mir wäre lieber gewesen, ihr hättet 200 Juden erschlagen und hättet nicht solche Werte vernichtet.»

Görings Vorschlag, die deutschen Versicherungen von den Schadenszahlungen an Juden zu befreien, stieß beim Leiter der Reichsgruppe Versicherungen, Hilgard, auf wohlwollende Zustimmung. Die Versicherungen hätten die Entschädigungen zu leisten, gerade im Hinblick auf ihre internationale Reputation. Mit einem entsprechenden Gesetz könne der Erstattungsbetrag jedoch in die Staatskasse fließen, statt an die geschädigten Juden ausgezahlt werden zu müssen.

Der Sinn und Zweck des Treffens am 12. November war allen Beteiligten klar. Jedes Ministerium war in der Folge dazu verpflichtet, sich an den «notwendigen Maßnahmen zur Arisierung der Wirtschaft» zu beteiligen. Was «Arisierung der Wirtschaft» bedeutete, erklärte Göring kurz und bündig: «Der Jude wird aus der Wirtschaft ausgeschieden und tritt seine Wirtschaftsgüter an den Staat ab.»

Auf dieser Sitzung, bei der offenbar alle auf einem rechtsstaatlichen Bewusstsein beruhenden Hemmungen über Bord geworfen wurden, sollten umgekehrt der Raubzug gegen die Juden, ihre Demütigung und Vertreibung einen rechtschaffenen Anstrich erhalten. Dies zeigte sich in der Diskussion um das «unsaubere» Sichbereichern von Parteigenossen. Göring erklärte, er habe da «entsetzliche Dinge» gesehen, etwa wie sich «kleine Chauffeure von Gauleitern derart bereicherten, daß sie auf diese Weise schließlich eine halbe Million Vermögen an sich gebracht haben». Wo derart «unsauber verfahren» werde, so polterte er, werde er sich nicht scheuen, «rücksichtslos einzugreifen». Einerseits überboten sich die Anwesenden mit ironischen, zynischen und sarkastischen Bemerkungen und Witzen über die deutschen Juden. Andererseits sollten die Aggressivität und die starken Hassgefühle «des Volkes» gegen die Juden und alles «Jüdische», die in den Pogromen zutage getreten waren, in geordnete rechtliche Bahnen geleitet werden. So erklärt sich auch die Mischung unter den Geladenen aus NS-Spitzenpersonal und «unpolitischen», technokratischen Vertretern der deutschen Wirtschaft, wie etwa dem genannten Hilgard. Die Zusammenarbeit beider Seiten war erforderlich, und sie sollte sich als äußerst effektiv erweisen.

Zum vorgeblich rationalen Vorgehen gehörte etwa der Hinweis Görings, bei «Arisierungen» müsse «der jüdische Name der früheren Firma restlos ausgelöscht werden», um Missverständnisse zu vermeiden, wie sie in der Kristallnacht vorgekommen seien. Ebenso solle die Brauchbarkeit jüdischer Unternehmen für die deutsche Wirtschaft ermittelt werden. Immer wieder geht es darum, das Sinnlose der Verfolgungsaktionen, das Maßlose der Zerstörung, die Dimension der zuvor angestachelten antisemitischen Pogrome noch als Ausdruck wirtschaftlicher Rationalität zu verbrämen. «Wir müssen hier zu einer ganz klaren, für das Reich Gewinn bringenden Aktion kommen», erklärte Göring. Solche auf Rationalität pochenden Sätze stehen in frappantem Widerspruch zu den vielen irrationalen und affektgeladenen Äußerungen dieser Sitzung – und eben zur damaligen aktuellen politischen Praxis. Dennoch hat der von vielen Nationalsozialisten proklamierte «Antisemitismus der Vernunft» manche späteren Historiker in die Irre geführt, die einen wirtschaftlichen Aspekt der nationalsozialistischen Judenpolitik, aus der rechtfertigenden Sicht der Verfolger übernommen, zu erkennen glaubten. Die Sitzung bei Göring war letztlich ebenso wenig wie die Novemberprogrome selbst von ökonomischen Kalkülen bestimmt, sondern von antisemitischem Hass.

Einen «Antisemitismus der Vernunft», wie ihn der frühe Hitler beschwor und wie er in den Köpfen vieler NS-Größen herumspukte, hat es nie gegeben. Selten wurde dies deutlicher als auf dieser gespenstischen Versammlung. Neben Vorschlägen zur Stärkung der deutschen Wirtschaft oder zu Rechtfertigungserklärungen, um das Ausland zu beruhigen, wurden bizarre Anregungen geäußert. Goebbels etwa meinte: «Es wäre zu überlegen, ob es nicht notwendig ist, den Juden das Betreten des deutschen Waldes zu verbieten. Heute laufen Juden rudelweise im Grunewald herum. Das ist ein dauerndes Provozieren, wir haben dauernd Zwischenfälle. Was die Juden machen, ist so aufreizend und provokativ, daß es dauernd zu Schlägereien kommt.» Das ermunterte Göring zu der Erwiderung: «Also wir werden den Juden einen gewissen Waldteil zur Verfügung stellen, und Alpers [Friedrich Alpers, SS-Führer und Generalforstmeister] wird dafür sorgen, daß die verschiedenen Tiere, die den Juden verdammt ähnlich sehen – der Elch hat ja so eine gebogene Nase –, dahin kommen und sich da einbürgern.»

Wie sehr die NS-Machthaber nach den Pogromen zu radikalen Schritten bereit waren, zeigen Diskussionen zwischen Heydrich und Göring auf der Sitzung. Heydrich verwies auf das Problem, die Juden nicht schnell genug loszuwerden. Selbst bei einem effizienten System, wie es in Wien unter Eichmann schon praktiziert werde, brauche man acht bis zehn Jahre, um alle Juden aus dem Land zu treiben. Durch die Arisierung sei außerdem eine «Verproletarisierung des zurückbleibenden Judentums» zu erwarten, woraus die Notwendigkeit erwüchse, die Juden zu isolieren, sie aus dem «normalen Lebenskreis des Deutschen» zu entfernen. Heydrich formulierte daraufhin einige «rein polizeiliche» Erfordernisse, unter anderem die öffentliche Kennzeichnung von Juden durch das Tragen von Abzeichen. Tatsächlich wurde eine solche von September 1939 an im besetzten Polen Pflicht, und ab September 1941 mussten alle Jüdinnen und Juden im Deutschen Reich den Gelben Stern tragen.

Göring stellte sich radikalere Isolierungsmaßnahmen vor. Er reagierte mit der Forderung: «Aber lieber Heydrich, Sie werden nicht darum herumkommen, in ganz großem Maßstab in den Städten zu Ghettos zu kommen. Die müssen geschaffen werden.» Wenn man sich auch in der Durchführung noch nicht einig war, das gemeinsame Ziel war klar. Es ging um die totale Isolierung der deutschen Juden von der «arischen» Bevölkerung. Die Einschränkung der Bewegungsfreiheit von Juden durch das Einrichten von Sperrgebieten, etwa auf öffentlichen Plätzen, in Schwimmbädern, ja ganzer Bezirke, der Ausschluss von Juden aus Kurorten und Krankenhäusern, das Verbot des Besitzes von Autos, das Verbot, öffentliche Verkehrsmittel zu benutzen, dies alles fand die Billigung Görings und aller anwesenden Minister und Beamten.

Am Ende der Sitzung wechselte Göring abrupt das Thema und richtete an die versammelten Herren die Frage: «Wie beurteilen Sie die Lage, wenn ich heute verkünde, daß dem Judentum als Strafe diese 1 Milliarde als Kontribution auferlegt wird?» Im Saal herrschte Einigkeit, diese «Sühneleistung» für die Schäden der Kristallnacht sofort festzulegen. Allein die Reichsminister Funk und von Krosigk gaben zu bedenken, dass der nun von den Juden zu erwartende massenhafte Verkauf von Wertpapieren den Kurs der Reichsanleihen negativ beeinflussen könne. Aber der Einwand konnte den Beschluss nicht verhindern.

Die Pogrome waren kaum verebbt, da wurden auf dieser Sitzung wegweisende Strategien für die antijüdische Politik der Nationalsozialisten formuliert, diskutiert und beschlossen. Die hier getroffenen Entscheidungen machten unmissverständlich klar, dass die NS-Ministerialbürokratie entschlossen war, den deutschen Juden mit allen Mitteln die materiellen Existenzgrundlagen zu entziehen, sie im gesamten öffentlichen Leben zu diskriminieren, zu demütigen und aus dem Land zu treiben. Ne-

ben der Radikalität der Beschlüsse offenbaren aber auch der
vorherrschende Ton und die Wortwahl der Teilnehmer das Ag-
gressivitätspotential der NS-Führungsspitze und die tatsächliche Gefahrenlage für die deutschen Juden. So erklärte Göring
abschließend zu der geplanten Zwangsabgabe: «Ich werde den
Wortlaut wählen, daß die deutschen Juden in ihrer Gesamtheit
als Strafe für die ruchlosen Verbrechen usw. usw. eine Kontribution von 1 Milliarde auferlegt bekommen. Das wird hinhauen.
Die Schweine werden einen zweiten Mord so schnell nicht machen. Im übrigen muß ich noch einmal feststellen: ich möchte
kein Jude in Deutschland sein.»

Dieser von den NS-Oberen geteilte Hass gegen die Juden erklärt, warum sie sich trotz vieler Differenzen hinsichtlich der
Umsetzung ihrer antisemitischen Politik am Ende einig waren.
Jeder profitierte von den Pogromen: Goebbels kam seinem Ziel,
die Hauptstadt Berlin «judenfrei» zu machen, näher. Die SA
versuchte über die Ausschreitungen gewisse Vorrechte für sich
zu reklamieren, was ihr auch gelang. Der SD konnte nun die
Kennzeichnung und Ghettoisierung der Juden verfolgen, ebenso
die Einrichtung einer Zentralbehörde für die erzwungene Auswanderung; Eichmann hatte eine solche zuvor schon in Wien
aufgebaut – aus seiner Sicht mit großem Erfolg. Die «Judenfrage» lag damit immer stärker in den Händen des SD, und er
betrieb folglich die polizeiliche Überwachung und Vertreibung
der noch im Reich verbliebenen Juden.

Die auf die Pogrome folgenden antijüdischen Maßnahmen
entsprachen also den Bestrebungen verschiedener Institutionen
und Interessengruppen des NS-Staates. Nach der Sitzung im
Reichsluftfahrtministerium wurden sie schnellstmöglich rechts-
kräftig beschlossen und umgesetzt. Noch am selben Tag erließ
Göring die «Verordnung über eine Sühneleistung der Juden
deutscher Staatsangehörigkeit», mit der den deutschen Juden
eine Zwangsabgabe von einer Milliarde Reichsmark auferlegt
wurde. Ebenfalls am 12. November 1938 verfügte er mit der
«Verordnung zur Wiederherstellung des Straßenbildes bei jüdischen Gewerbebetrieben», dass die betroffenen Juden sämtliche
Pogromschäden selbst zu beseitigen und für sie aufzukommen

hatten; ihre Versicherungsansprüche wurden «zugunsten des Reichs beschlagnahmt». Noch umfassender war die dritte an diesem Tag erlassene Verordnung Görings, diejenige zur «Ausschaltung der Juden aus dem deutschen Wirtschaftsleben». Sie wurde am 1. Januar 1939 wirksam und verbot Juden, Einzelhandelsverkaufsstellen, Handwerksbetriebe und Versandgeschäfte zu führen. Schon zuvor war die Zahl jüdischer Betriebe und Unternehmen drastisch gesunken, bis 1938 insgesamt um 50 bis 70 Prozent; zwei Drittel der Firmen waren in dieser Etappe der «Arisierung» liquidiert, ein Drittel verkauft worden. Auch andere Bereiche waren betroffen. Als Präsident der Reichskulturkammer gab Goebbels ebenfalls am 12. November einen Erlass heraus, der Juden den Besuch von Theatern, Konzerten, Ausstellungen und Kinos verbot; damit setzte er eine antisemitische Anregung Heydrichs aus der Sitzung um.

Eine Flut weiterer Anordnungen und Gesetze folgte. Sie sind als Ganzes zu betrachten, da sie in der Summe den Juden in Deutschland das Leben zur Hölle machten. Am 14. November etwa wies Reichserziehungsminister Bernhard Rust die Rektoren der Deutschen Universitäten per Telegramm an, Juden die Teilnahme an Lehrveranstaltungen zu verbieten – sogar das Betreten der Hochschulen wurde ihnen untersagt. Am Tag darauf ordnete Rust an, Juden dürften ab sofort keine allgemeinen Schulen mehr besuchen – ein brutaler Eingriff für die noch in Deutschland lebenden jüdischen Schülerinnen und Schüler, von denen viele schon wegen der antisemitischen Stimmung von öffentlichen Schulen in private jüdische Schulen gewechselt waren. Auch bei dieser Anordnung ist der Ton bezeichnend: «Nach der ruchlosen Mordtat von Paris kann es keinem deutschen Lehrer und keiner deutschen Lehrerin mehr zugemutet werden, an jüdische Schulkinder Unterricht zu erteilen. Auch versteht es sich von selbst, daß es für deutsche Schüler und Schülerinnen unerträglich ist, mit Juden in einem Klassenraum zu sitzen.» Die Anordnung zeigt, welche Rolle moralische Empörung spielte, um Ausgrenzung und Verfolgung zu legitimieren.

Die Forcierung der jüdischen Auswanderung, die Heydrich auf der Konferenz im Reichsluftfahrtministerium gefordert hatte, wurde realisiert. Bereits am 10. Dezember 1938 gab er die Einrichtung einer zentralen Auswanderungsbehörde bekannt. Im Januar 1939 wurde dann die «Reichszentrale für jüdische Auswanderung» in Berlin eröffnet. Die Zahl der Auswanderungen stieg in den folgenden Monaten drastisch an. Dennoch scheiterten viele Juden an den restriktiven Einwanderungsbestimmungen der meisten überhaupt möglichen Exilländer.

Görings Wünsche wurden fast alle umgesetzt. Im Dezember 1938 verbot er – unter Berufung auf eine Entscheidung Hitlers – den Juden, bei Reisen mit der Bahn Schlaf- und Speisewagen zu benutzen. Zwar sollte es im öffentlichen Nahverkehr noch keine Beschränkungen für Juden geben, aber für Hotels und Gaststätten, in denen vor allem NS-Parteigenossen verkehrten, wurde der sogenannte Judenbann verhängt. Er galt ferner, wie auf der Sitzung besprochen, für bestimmte öffentliche Plätze, Badeanstalten und Badeorte. Im Januar 1939 trat außerdem ein Gesetz in Kraft, nach dem Jüdinnen und Juden die Zwangsnamen Sara und Israel tragen mussten. Verfasst hatte es ein Beamter des Innenministeriums, Hans Globke – später unter Konrad Adenauer Chef des Bundeskanzleramts.

Die NS-Führung hielt es für nötig, die Progrome auch propagandistisch zu untermauern. Goebbels leitete eine großangelegte antisemitische Pressekampagne ein, die bis Dezember 1938 lief. Herschel Grynszpan verkörperte dabei das «Dämonische» der Juden. Sein Anschlag in Paris musste wiederholt als Beleg für die Behauptung herhalten, das «Weltjudentum» wolle Deutschland und Frankreich in einen Krieg stürzen. Die Juden wurden als große Gefahr für Deutschland dargestellt. Gleichzeitig versuchte die NS-Propaganda den deutschen Antisemitismus zu bagatellisieren, indem sie auf den Rassismus und Kolonialismus der USA und Großbritanniens verwies. Mit Hinweis auf die gescheiterte Flüchtlingskonferenz von Évian warf man den Ländern, die die NS-Judenpolitik angriffen, Scheinheiligkeit vor, da sie selber nicht bereit seien, Juden aufzunehmen.

Die Novemberpogrome waren ein einziger Rechtsbruch, unter dem NS-Regime jedoch staatlich legitimierte reine Gewalt. Es gab Grenzen, etwa in Bezug auf Aktionen, die ausdrücklich nicht erwünscht waren, wie Plünderungen, ebenso schwere Delikte wie Körperverletzung, Mord und Vergewaltigung. Sie nicht zu ahnden lief noch der Vorstellung von einer geltenden rechtlichen Ordnung zuwider. Die NS-Führung löste dieses Problem, indem sie der NSDAP und ihrem Exekutivorgan, der Gestapo, die Ahndung der Verstöße übertrug. Das Reichsjustizministerium stimmte dem am 10. November zu und wies die Staatsanwaltschaften an, «keine Ermittlungen in Angelegenheiten der Judenaktionen vorzunehmen». Im Falle von Gewalttätigkeiten während der Reichskristallnacht ermittelten die Staatsanwälte folglich nur noch, wenn die örtlichen Gestapostellen grünes Licht gaben. Nur so konnte die Partei verhindern, dass politisch brisante Straftaten, in die Parteigenossen verwickelt waren, zur Verhandlung kamen und somit an die breite Öffentlichkeit drangen. Im Wesentlichen wurde wegen Plünderungen ermittelt, ein Verfahren gegen die Plünderer jedoch gar nicht erst eingeleitet. Es gab lediglich die Verpflichtung, Raubgut an die Polizei abzugeben. De facto fand also eine Amnestie statt.

Die tendenziöse Rechtsprechung löste in der Bevölkerung und bei einzelnen Juristen Empörung aus. Dies bremste jedoch keineswegs das Bestreben des NS-Regimes, den Justizapparat und die Rechtsprechung den eigenen Interessen und ideologischen Kriterien unterzuordnen. Von Ende Dezember 1938 bis Anfang Februar 1939 wurde vor dem Obersten Parteigericht der NSDAP in München gegen 30 Angeklagte wegen Kristallnachtsdelikten verhandelt. Vier SS-Angehörige wurden mit Parteiausschluss bestraft, weil sie jüdische Mädchen belästigt und vergewaltigt hatten. Parteigenossen, die des Mordes an Juden angeklagt waren, erhielten, wenn überhaupt, nur geringe Strafen; in der Regel kamen sie straffrei davon. Sie seien, so hieß es, den Befehlen gefolgt und hätten diese nur missverstanden oder falsch interpretiert, doch hätten sie nach bestem Gewissen im Sinne der NS-Führung gehandelt. Daher wurden sie, wenn es zu einer Verurteilung kam, zumeist von Hitler begnadigt, der im September 1939 einen generellen Gnadenerlass aussprach. Die Verfahren hatten allerdings späte Folgen: Nach 1945 griffen die

Alliierten in ihren Prozessen auf die von der Gestapo ermittelten Befunde zurück.

Es ist eine feststehende Erkenntnis der Geschichtswissenschaft, dass der Pogrom innerhalb der NS-Führung zwar aus strategischen Gründen umstritten war, am Ende aber von sämtlichen NS-Machtblöcken und -Funktionären bereitwillig für eigene Zwecke genutzt wurde. Noch wichtiger scheint ein weiterer Punkt. Die Stimmung in der von Göring einberufenen Sitzung im Reichsluftfahrtministerium war nicht nur angespannt, sondern zugleich kumpelhaft gelöst. Die Elite eines Volkes traf sich nach dem von ihr angezettelten Pogrom und gab sich wie Pioniere, die gerade erfolgreich Neuland betreten hatten. Plötzlich schien alles möglich. Der tätlich gewordene Antisemitismus beflügelte gleichsam die Phantasie der Anwesenden. An dieser einen Sitzung zeigt sich vielleicht am besten, was als «kumulative Radikalisierung» bezeichnet wird. Die verübte Gewalt führte nicht zu einem Erschrecken, sondern brach sämtliche Dämme. Fast alle an der Tagung beteiligten hohen Beamten und Funktionäre des deutschen Staates werden schon bald noch viel radikalere Maßnahmen vorschlagen und umsetzen. Viele von ihnen wurden zu Mördern, zu Massenmördern.

Reaktionen der Kirchen in Deutschland

Wie hat die nichtjüdische Mehrheit der deutschen Bevölkerung auf die Pogrome reagiert? Diese Frage ist nicht einfach zu beantworten. Da der NS-Staat keine offene Gesellschaft war, ist die Quellenlage entsprechend schwierig. Eine der vielen überlieferten Quellen sind die Stimmungsberichte, die vom Sicherheitsdienst der NSDAP für die NS-Führung gesammelt wurden. Diese Berichte sind allerdings mit Vorsicht zu interpretieren, weil sie von Parteimitgliedern und Beamten, die für das NS-Regime arbeiteten, verfasst wurden. Sie ergeben ein gespaltenes Bild. Kritisiert wurde vor allem die Zerstörung von Eigentum, ebenso löste die öffentlich inszenierte Gewalt die Befürchtung aus, die bestehende Ordnung sei in Gefahr. Es ist denkbar, dass die Ablehnung, ja die moralische Empörung in der Bevölkerung größer war, als die NS-Führung es für möglich hielt. Belegbar scheint, dass sich die Kritik an den öffentlichen Gewaltexzessen der Kristallnacht nicht auf die antijüdische Politik insgesamt bezog, es jedoch Aspekte gab, die abgelehnt wurden. So fanden jüdische Veteranen des Ersten Weltkrieges, die während der Pogrome geschädigt oder gar in Konzentrationslagern interniert worden waren, insbesondere innerhalb der Wehrmacht eine gewisse Unterstützung. Heydrich erteilte daher am 28. November 1938 den Befehl, «jüdische Frontkämpfer» aus den Konzentrationslagern zu entlassen.

Schon während der, wie sie selbst sagte, «Kampfzeit» der NSDAP vor 1933 hatte Hitler stets versucht, sein an esoterischen Fanatikern reiches Umfeld daran zu hindern, sich offen gegen Protestantismus und Katholizismus zu stellen. Hitler war an der Macht interessiert, eine Konfrontation mit den Kirchen wollte er vermeiden. Obwohl sich diese Strategie nach 1933 teilweise änderte, besaßen die in den Kirchen geäußerten Meinungen weiterhin Gewicht – so etwa die Kritik am «Euthanasie»-Programm oder an der Verfolgung von sogenannten Mischehen.

Der Vatikan war über die Novemberpogrome gut unterrichtet. Am 15. November 1938 berichtete der Apostolische Nuntius in Berlin minutiös über den, wie er es nannte, «antisemitischen Vandalismus». In seinem Brief an die «Hochzuverehrende Eminenz» beschrieb er den Ablauf der Pogrome und merkte an, dass «der Pöbel von keinem Polizisten gezügelt» und «den wüstesten Affekten» freier Lauf gelassen worden sei. All dies lasse «leicht erkennen, daß die Anweisung oder die Erlaubnis zu handeln von sehr weit oben kam». Selbst die unterschiedlichen Reaktionen der Diplomaten wurden registriert und dem Papst mitgeteilt: «Die Diplomaten Englands und Hollands intervenierten energisch zur Verteidigung des Besitzes ihrer jüdischen Staatsangehörigen; anders der polnische Gesandte». Jedoch verzichtete der Vatikan trotz des genauen Wissens über die Ereignisse auf eine öffentliche Reaktion.

Aber auch in Deutschland protestierten die Kirchen nicht offiziell gegen die Pogrome. Nur vereinzelt kam es zu Solidarisierungen, etwa durch den mutigen Domprobst Bernhard Lichtenberg, der schon am Abend des 9. November öffentlich für Juden und sogenannte «nichtarische» Christen, also konvertierte Juden, betete. Von solchen Ausnahmen abgesehen herrschten der katholische Antijudaismus und die Angst, sich gegen die Mächtigen zu stellen, vor. Offiziell schwieg die katholische Kirche zu den Verbrechen. Vielleicht war auch hier mit dem November 1938 eine Entscheidung gefallen, denn auch alle weiteren Schritte der Judenverfolgung bis hin zur Shoah riefen keinerlei offizielle Reaktion der katholischen Kirche mehr hervor.

Die Reaktionen innerhalb der evangelischen Kirchen waren, entsprechend ihren weniger hierarchischen Strukturen, breiter gefächert. Doch am 10. November 1938 wurde der 455. Geburtstag Luthers in der Stadt Wittenberg festlich zelebriert. Völlig unbeeindruckt von der Zerstörungswucht der Pogrome, verloren die Repräsentanten der evangelischen Kirche kein Wort über die Attacken, selbst nicht zu den Angriffen auf eigene Mitglieder, die jüdischer Herkunft waren.

Es ist ein großer Irrtum zu glauben, die NS-fernere Bekennende Kirche hätte sich eindeutig gegen den Antisemitismus und die Pogrome gestellt. Ihre Gegnerschaft zum Staat entsprang dem Streben nach Unabhängigkeit und war keine Reaktion auf die NS-Judenpolitik. Ihr gehörten rund ein Viertel der evangelischen Pfarrer an. Sie verstanden sich als Gegenpol zu den Deutschen Christen, die die Ideologie der Nationalsozialisten stützten und etwa gleich stark waren. Der Rest der evangelischen Kirche, die breite Mitte, positionierte sich in dieser kirchenpolitischen Spaltung nicht. Doch auch in der Mitte existierten unterschiedliche Flügel. Um die diversen Strömungen auf der Basis eines gemeinsamen Grundsatzprogramms zu vereinen, verabschiedeten im März 1939 Vertreter der kirchlichen Mitte und der Deutschen Christen die «Godesberger Erklärung», die eindeutig nationalsozialistisch orientiert war und sich explizit gegen das Judentum richtete. Darin hieß es: «Der christliche Glaube ist der unüberbrückbare religiöse Gegensatz zum Judentum.» Diese Erklärung zu dieser Zeit ist als beipflichtende Reaktion auf die Pogrome zu verstehen.

Zu den Deutschen Christen gehörte der Thüringer Landesbischof Martin Sasse, der im November 1938 Passagen aus Luthers Hetzschrift *Von den Juden und ihren Lügen* (1543) unter dem Titel *Martin Luther über die Juden: Weg mit ihnen!* veröffentlichte. Sasses radikale ideologische Verbundenheit mit dem Nationalsozialismus wird sogleich in der Einleitung klar: «Am 10. November 1938, an Luthers Geburtstag, brennen in Deutschland die Synagogen.» Damit werde «der gottgesegnete Kampf des Führers zur völligen Befreiung unseres Volkes gekrönt». Gleichermaßen fanatisch antisemitisch ist das «Mahnwort zur Judenfrage», das Sasse am 16. November 1938 für die mecklenburgische Landeskirche verfasste. «Kein im christlichen Glauben stehender Deutscher» könne die staatlichen Maßnahmen gegen die Juden im Reich «bejammern». Vielmehr erklärte der Landesbischof: «Im kirchlichen Raum wiederum erwächst uns die unabweisbare Pflicht, für die Entjudung des religiösen Erbes unseres Volkes alle Kräfte einzusetzen.»

Nicht nur die Deutschen Christen, auch die Mitte der evangelischen Kirche unterstützte aufgrund ihrer antisemitischen Grundhaltung mehrheitlich die antijüdischen Maßnahmen des NS-Staates. Mit öffentlichen Gewaltakten wie den Novemberpogromen tat sie sich hingegen schwer. Die Evangelische Landeskirche in Württemberg gehörte zu den wenigen Landeskirchen, die nicht von einem den Deutschen Christen zugehörigen Bischof geleitet wurden. Ihr stand Theophil Wurm als Landesbischof vor. Am 6. Dezember 1938 schrieb Wurm anlässlich der Kristallnacht an Reichsjustizminister Franz Gürtner: «Die Ereignisse in der Nacht vom 9. auf den 10. November haben weite Volkskreise bis weit in die Partei hinein seelisch erschüttert und in ihren sittlichen Empfindungen verletzt. Ich bestreite mit keinem Wort dem Staat das Recht, das Judentum als ein gefährliches Element zu bekämpfen. Ich habe von Jugend auf das Urteil von Männern wie Heinrich von Treitschke und Adolf Stoecker über die zersetzende Wirkung des Judentums auf religiösem, sittlichem, literarischem, wirtschaftlichem und politischem Gebiet für zutreffend gehalten.» Zwar führte Wurms Position innerhalb der Kirche zu Konflikten, doch zeigt sie deutlich, dass die Mitte keineswegs aus Zufall weitgehend passiv blieb und schwieg.

Auch die 1934 von Pastor Martin Niemöller mitbegründete Bekennende Kirche schwieg zu den Pogromen. Allerdings fand sich hier wenigstens für die zum Christentum konvertierten Juden – im Gegensatz zu den anderen evangelischen Strömungen – ein Wort der Solidarität. Am 10. Dezember 1938 erschien anlässlich des Kirchentags der bruderrätlichen Bekennenden Kirche folgende vorsichtige Stellungnahme: «Durch den einen Herrn, den einen Glauben und die eine Taufe sind wir als Brüder verbunden mit allen Christusgläubigen aus den Juden. Wir wollen uns nicht von ihnen trennen und bitten sie, sich auch nicht von uns zu trennen.» Darüber hinaus positionierte sich auch die Bekennende Kirche nicht.

Umso beeindruckender sind die Einzelnen, die sich gegen die Pogrome und den verbreiteten Antisemitismus stellten. Am 7. Dezember 1938 richtete der Pfarrer Heinrich Grüber in Berlin eine Beratungs- und Unterstützungsstelle für Christen jüdischer Herkunft ein. Das «Büro Pfarrer Grüber» organisierte die Emigration von mehr als tausend Juden und zum Christentum konvertierten Juden – bis Grüber im Dezember 1939 von der Gestapo verhaftet und ins KZ Sachsenhausen verschleppt wurde. Seine Grundhaltung dokumentiert ein Brief vom 12. November 1938 an Reichsbischof Friedrich von Bodelschwingh: «Wir müssen die Gesetze des Staates beachten, aber diese können uns nicht dazu bringen, die Pflichten der Nächstenliebe außer acht zu lassen.» Mit dieser Position war Heinrich Grüber eine äußerst seltene Ausnahme innerhalb des deutschen Protestantismus – überhaupt innerhalb der uns überlieferten Reaktionen auf die Pogrome aus Deutschland insgesamt.

Reaktionen des Auslands

Da die Novemberpogrome in aller Öffentlichkeit stattgefunden hatten, wurden sie weltweit wahrgenommen. Wie reagierte die internationale Öffentlichkeit? Wie solidarisierten sich die Länder, die demokratische Regierungen hatten? Wie nahmen jüdische und nichtjüdische Emigrantenorganisationen die Nachrichten aus Deutschland auf? Während sich in demokratischen Staaten insbesondere die Haltung gegenüber jüdischen Flüchtlingen verbesserte, verschärften faschistisch oder autoritär regierte Länder wie Italien, Rumänien, Ungarn und Polen ihre antijüdische Politik. In Großbritannien, den USA und vielen weiteren westlichen Staaten stießen die Pogrome auf Ablehnung, ja auf moralische Empörung.

Bereits am 16. November 1938 berief Präsident Franklin D. Roosevelt seinen Botschafter Hugh Robert Wilson aus Berlin ab – es sollte in den folgenden Jahren niemals mehr zu einer Wiederbesetzung kommen. Das Verhältnis zu den USA hatte mit dem 9. November 1938 einen unwiederbringlichen Schaden erlitten. Für den Verlauf des Zweiten Weltkriegs war dies nicht ohne Bedeutung.

Vor allem die deutschsprachige jüdische Zeitschrift *Aufbau*, die unter Mitarbeit vieler Emigranten in New York publiziert wurde, kommentierte das Geschehen in Deutschland detailliert. Am 1. Dezember 1938 etwa hieß es im Editorial, dass fast jede jüdische Exilantenfamilie «unschuldige Opfer jenes Wahnsinns, der in Deutschland tobt», zu beklagen hatte und man «nur schlecht den tödlichen Schrecken verhehlen» könne. Der Verfasser rief dazu auf, vereint gegen die «Barbarei in Mitteleuropa» zu kämpfen und den Opfern zu helfen. Auch auf den «verzweifelten» und «unreifen» Herschel Grynszpan kam er zu sprechen. Dieser sei von den deutschen Machthabern zum «Anlass und Opfer» erkoren worden. Man habe den «Armen» schuldig gemacht, «um aus seiner Pein das abscheuliche Freudenfest einer sizilianischen Vesper aufzurichten».

Mit dem Leitartikel «Kalter Terror» vom 15. November 1938 gab auch die *New Yorker Staats-Zeitung*, eine der größten deutschsprachigen Zeitungen in den USA und die Stimme der Deutschamerikaner, seit 1933 zum ersten Mal ihre absolut deutschlandtreue Haltung auf. Nun war auch hier die Stimmung gekippt. Was in Deutschland geschehen sei, so der Kommentar, sei aus dem «Gedächtnis der Menschheit nur schwer wieder auszulöschen». Auf die Ausschreitungen des «Pöbels» sei nunmehr mit der Flut antisemitischer Maßnahmen «ein kalter Terror gefolgt, der in seinen Auswirkungen viel grauenvoller ist als die brutalen Taten, die von amtlicher Seite als ‹spontane Reaktion› entschuldigt und beschönigt worden sind». Schon wenige Tage nach den Ereignissen wurde hier also die Zäsur erkannt, welche die Pogrome bedeuteten. Von nun an wies die *Staats-Zeitung* Kritik am NS-Regime nicht mehr als deutschfeindlichen Populismus zurück. Der *Aufbau* entschied sich sogar zum Nachdruck des Leitartikels.

Viele Artikel im *Aufbau* beschäftigten sich mit der Rolle der Exilländer bei der Rettung und Aufnahme jüdischer Flüchtlinge. Der Rabbiner Dr. Joachim Prinz schrieb am 1. Januar 1939 über die Aufgabe, mittellose jüdische Flüchtlinge aufzunehmen, und betonte die besonders schwierige «seelische Lage» der Einwanderer. Prinz wusste, wovon er sprach: Er war in Deutschland mehrfach von der Gestapo festgenommen worden, bevor ihm 1937 die Flucht in die USA gelang. Dort sollte er sich sein Leben lang für soziale Gerechtigkeit einsetzen – so auch am 28. August 1963 an der Seite von Martin Luther King beim Marsch auf Washington für Arbeit und Freiheit, als dieser seine «I Have a Dream»-Rede hielt. In seinem *Aufbau*-Artikel rief Prinz die bereits in den USA lebenden jüdischen Emigranten dazu auf, die Neuankommenden in allen Belangen zu unterstützen. Er stellte einen Mangel an «zielbewusster» Leitung fest und forderte eine neue jüdische Gemeinde, die sich grundlegend von dem nun sehr negativ beschriebenen Leben im «deutsch-jüdischen Ghetto» unterscheiden und Teil eines großen, «in der Bildung begriffenen Judentums» werden sollte. Mit Gruppen des amerikanischen Judentums arbeitete Prinz an der Gründung eines Flüchtlingshauses, in welchem 300 Flüchtlinge nach ihrer Ankunft aufgenommen werden und Unterkunft, Verpflegung, Rat und Hilfe erhalten sollten. Die neu zu gründende Gemeinde sollte aus amerikanischen und deutschen Gruppen bestehen, um Einigkeit und Frieden innerhalb der Emigrantenkreise zu stärken. «Wir nennen unsere Gemeinde: Mattir Assurim», schrieb Prinz, «das heißt: ‹der befreit die Gefangenen›.»

Die jüdischen Kommentatoren in den USA waren sich sehr

bewusst, welche Bedeutung den Novemberpogromen beizumessen war. Vor der Ermordung der europäischen Juden beobachteten sie eine fürchterliche Katastrophe, und einige von ihnen erahnten die kommende, noch fürchterlichere. Wilhelm Marcus aus New York schrieb am 15. Februar 1939 im *Aufbau:* «Der Nationalsozialismus ist konsequent in seinem Vernichtungswillen und kennt keine Hemmungen.» Marcus verwies auf die Schwierigkeit, die Situation einzuschätzen: «Wenige konnten den vollen Umfang des Unglücks früh genug übersehen. Viele glaubten, dass immer noch ein Ausweg offen stünde und dass die Zivilisation des 20. Jahrhunderts uns vor dem Schlimmsten bewahren würde. Heute wissen wir, dass diese Hoffung eine große Täuschung war.»

Immer wieder wurden praktische Aktionen diskutiert, wie etwa die Gründung einer zentralen Organisation für deutsche Juden. Und diese Erörterungen waren stets begleitet von Ermahnungen, den Tag des großen Pogroms in Erinnerung zu behalten. Ein Jahr nach der Kristallnacht konnte man im *Aufbau* unter dem Titel «Der 10. November» lesen: «Die Tatsache, dass es am 10. November 1938 möglich war, auf das Kommando einer kleinen Bande von demoralisierten Machthabern hin, den Mob zum Rauben, Töten und Plündern loszulassen, soll uns immer daran erinnern, wie oberflächlich jene Tünche an manchen Leuten haftet, die sie so gern Nächstenliebe und Humanität nennen. Am 10. November 1938 ist etwas noch viel Schlimmeres geschehen: Die Masse des deutschen Volkes, die Masse jener Menschen, die wir lange Zeit für aufrecht und ehrlich, für rechtlich denkend und mutig gehalten hatten, die Masse der Deutschen hat nichts, gar nichts getan, um dem Mord und Raub an der wehrlosen jüdischen Bevölkerung Einhalt zu gebieten.» Diese Mahnung zur Erinnerung fiel in die ersten Wochen des Zweiten Weltkrieges – an dem die USA zu diesem Zeitpunkt noch lange nicht beteiligt waren.

In England berichtete die *Times* am 15. November 1938 ausführlich über die «Strafmaßnahmen» gegen die deutschen Juden. Der Raub jüdischen Vermögens wurde hier genau beobachtet. «Jüdische Betriebe wechseln in kürzester Zeit und zu

extrem niedrigen Preisen ihre Besitzer», schrieb der Korrespondent der *Times* und führte einen Fall an, in dem ein großes In-
dustrieunternehmen schließlich zu einem «Fünfhundertstel seines Wertes» habe verkauft werden müssen. Aber auch der Ausschluss der Juden aus dem Kulturleben wurde in England
registriert. So hieß es in dem Artikel weiter: «Unterdessen versuchen die Behörden, Dr. Goebbels' jüngste Anordnung zu recht-
fertigen, die Juden den Besuch ‹jeder Art von Kulturveranstal-
tung› untersagt, einschließlich von Theatern, Kinos und Konzerten.»

Zahlreiche ausländische Diplomaten informierten ihre Länder über die gewaltsamen Vorgänge in Deutschland. Sehr ausführlich schrieb etwa der französische Geschäftsträger in Berlin,
H. de Montbas, an sein Außenministerium. Seine Analyse lautete: «Mit dem Tod vom Raths, der unter den Kugeln eines polnisch-jüdischen Attentäters fiel, rechtfertigte das Reich offiziell
die Exzesse der ‹Volkswut› vom 10. und 11. November und die
beispiellos harten Maßnahmen, die am 12. November diese
jüngste Offensive des Nationalsozialismus gegen die Juden ab-
gerundet haben.» Offenbar gehe es vor allem darum, «die Politik des Antisemitismus, eines der Axiome des neuen Deutschlands, fortzusetzen und zu Ende zu bringen». So zielten die
Maßnahmen vom 12. November darauf ab, «die Lage der deutschen Juden als Paria noch zu verschärfen». «Im Übrigen hat
diese Politik gegenwärtig beträchtliche materielle und moralische Vorteile für die Regierung.» Denn es sei zu erwarten, dass
«die Geldbuße von über einer Milliarde» nicht nur «die Kassen
füllen», sondern der deutschen Regierung auch einen Zuwachs
an Popularität verschaffen werde. Besorgnis erregte bei dem
französischen Diplomaten die Radikalisierung, die in den Pogromen zum Ausdruck kam. Er fragte sich, ob «die Gewalttätigkeit und Grausamkeit, die in der nationalsozialistischen Ethik
stecken», Deutschland nicht zwangsläufig in einen bewaffneten
europäischen Konflikt führen würden, in dem es letztlich selbst
gerichtet werde.

Die Reaktionen in Spanien waren, entsprechend den harten
Fronten während des Bürgerkriegs, zwischen Verurteilung und

Zustimmung zweigeteilt. Der griechische Diktator, General Ioannis Metaxa, ordnete an, zu den Pogromen ausschließlich die offiziellen Meldungen des Deutschen Reichs zu veröffentlichen. Die Exekutive wurde angewiesen, deutsche Staatsangehörige einer allgemeinen Kontrolle bezüglich ihrer Herkunft zu unterziehen, was jedoch schlussendlich folgenlos blieb. Folgenschwer hingegen war der Befehl, die griechischen Grenzen für jüdische Flüchtlinge aus dem Deutschen Reich und Italien zu schließen. Das Metaxa-Regime folgte damit Anweisungen der Deutschen Botschaft in Athen.

Erstaunlich waren die Pressereaktionen in Portugal, das von Salazar und seinem klerikal-autoritären Regime beherrscht wurde. Mit Ausnahme des faschistischen Blatts *Diário da Manhã* wurden die Pogrome dort in der gesamten Presselandschaft vehement kritisiert – man berief sich dabei auf die christliche Ethik und die Gleichheit aller Menschen vor dem Recht. In der Tageszeitung *Diário de Notícias* etwa erschien am 16. November 1938 ein Artikel mit dem Titel «Sühne ohne Verbrechen». Darin hieß es: «Tausende Menschen sind verurteilt, für einen Mord zu büßen, den sie nicht begangen haben. Warum? Weil sie Juden sind? Unser Gewissen lehnt sich vor der Tatsache auf, denn wir können nicht akzeptieren, daß ein anderer Glaube oder ein anderer Volksstamm als Schandfleck gebrandmarkt wird, der eine soziale Prophylaxe rechtfertigt, die diese Menschen vom Menschengeschlecht ausschließt. [...] Wir sprechen im Namen einer gesellschaftlichen Ordnung, in der die Staatsführung im Licht der Moral handelt, so daß weder Plünderung noch Mord jemals als Hoheitsaktion oder Reaktion betrachtet werden können.»

Auch die holländische Presse lehnte die Pogrome eindeutig ab. Viele Holländer zeigten sich solidarisch mit den Opfern und sammelten Spenden. Innerhalb kürzester Zeit kamen eine Million Gulden zusammen, und das Parlament debattierte über eine Lockerung der Einreisebestimmungen für jüdische Flüchtlinge. Doch die mitfühlende Haltung der Niederländer gegenüber den Opfern stieß schnell an ihre Grenzen, da die Flüchtlingsfrage in ganz Skandinavien zunehmend problematisiert wurde. Die in

Kopenhagen erscheinende Zeitung *Politiken* beschäftigte sich bereits am 13. November 1938 mit den jüdischen Flüchtlingen und erklärte unumwunden: «Europa ist von Flüchtlingen überströmt, doch dürfte es einen Platz für sie in anderen Weltteilen geben.» Auch in Schweden bekundete man Sympathie für die verfolgten Juden, aber niemand propagierte deshalb eine liberale Aufnahmepolitik. Selbst die jüdischen Gemeinden in Schweden befürworteten vor allem eine Emigration der deutschen Juden nach Übersee; sie fürchteten, dem Antisemitismus in Schweden durch die Aufnahme von jüdischen Flüchtlingen neue Nahrung zu verschaffen. Insgesamt wurde die bereits auf der Konferenz von Évian erprobte Politik weiterverfolgt: Die antisemitische Politik des NS-Regimes wurde verurteilt, den jüdischen Flüchtlingen aber Hilfe verweigert.

So verfuhr auch die neutrale Schweiz. Noch bevor die Gewaltexzesse im Deutschen Reich abgeklungen waren, unterzeichneten schweizerische Behörden am 11. November 1938 ein Abkommen mit dem Deutschen Reich, das die Grenzkontrollstellen beider Länder anwies, jeglichen «Eintritt von Juden aus dem Reich in die Schweiz zu verhindern». Im Gegenzug war nun auch das Deutsche Reich ermächtigt, Visa von Schweizer Juden zu verlangen. Die Diskriminierung Schweizer Staatsangehöriger löste heftige Empörung aus, die faktische Aussperrung der deutschen Juden hingegen nicht. Im Gegenteil, der Schweizer Polizeihauptmann Paul Grüninger aus St. Gallen, der deutschen Juden damals Fluchthilfe leistete, indem er ihnen falsche Papiere ausstellte und sie über die Grenze schleuste, wurde ohne Pensionsanspruch vom Dienst suspendiert und wegen Amtspflichtverletzung zu einer Geldstrafe verurteilt; erst 1995, 23 Jahre nach seinem Tod, hob das Bezirksgericht St. Gallen das Urteil auf. Die Schweiz sollte lange keine eindeutige Haltung zur eigenen Politik während der NS-Zeit finden. In der sich globalisierenden Welt der neunziger Jahre wurde dies endlich zu einem politisch-ökonomischen und moralischen Problem, das die schweizerischen Beziehungen zu amerikanischen Institutionen und vor allem zu jüdischen Unternehmern belastete.

In der Sowjetunion war das Recht auf politisches Asyl zwar

in der Verfassung verankert, tatsächlich nahm der größte Staat Osteuropas aber nur eine unbedeutende Anzahl von Flüchtlingen auf. Es handelte sich dabei ausschließlich um Kommunisten, die nach 1933 aus Deutschland oder nach dem «Anschluss» 1938 aus Österreich emigriert waren; seit 1936 kamen auch Spanienkämpfer dazu. Die Verurteilung der Pogrome aber war deutlich. So erklärte die *Prawda,* das damalige Zentralorgan der KPdSU, am 16. November 1938: Die wirtschaftlichen Schwierigkeiten und die Unzufriedenheit der Massen hätten die «faschistischen Führer» gezwungen, den Pogrom gegen die Juden «anzuzetteln», «um die Aufmerksamkeit der Massen von dem Ernst der inneren Lage abzulenken». Mit Blick auf die russische Geschichte verwies man darauf, dass solche Pogrome auch die zaristische Macht nicht vor dem Zusammenbruch bewahrt hätten, und prognostizierte: «Die neue Orgie menschenverschlingender Pogrome bedeutet das nahe Ende des Faschismus.» Die *Prawda* dokumentierte auch den internationalen Aufschrei gegen die Kristallnacht. Zugleich betonte sie, dass die Verfolgung der Juden wesentlicher Bestandteil der faschistischen Politik sei, die westlichen Länder würden sich jedoch weigen, diese Tatsache, die der internationalen Arbeiterschaft längst bewusst sei, endlich zur Kenntnis zu nehmen.

In einigen Großstädten der UdSSR hatten sich Menschen zu Kundgebungen versammelt, darunter Vertreter der Intelligenzija. In aller Öffentlichkeit verurteilten sie die Novemberpogrome und hielten dem rassistischen Terror der faschistischen Staaten die Gleichheit der Bürger der UdSSR entgegen. Von der sowjetischen Führung beteiligte sich allerdings niemand. Die Sowjetpresse berichtete erst zwei Wochen später über die Solidaritätsaktionen im Land. Konkrete Signale, die Einreisemöglichkeiten für jüdische Flüchtlinge in die Sowjetunion zu verbessern, gab es in dieser Hochphase der stalinistischen Säuberungen nicht.

Auch unter nichtjüdischen Exilanten riefen die Pogrome Empörung hervor. In der in Buenos Aires publizierten linkssozialistischen Zeitung *Das andere Deutschland* erschien schon am 1. Dezember 1938 ein Leitartikel, der gegen die neuen «nieder-

trächtigen Maßnahmen» protestierte. Doch die Nähe zu
Deutschland drückte sich hier selbst in der Ferne aus, wenn
auch negativ: «wir schämen uns zugleich für Deutschland». Zudem wurde betont, dass «nicht nur» die Juden in Deutschland
verfolgt würden: «Genau so, oft noch schlimmer, ergeht es den
politischen Gegnern der Nazis.» Aber das kümmere die «Herren Chamberlain und Daladier» nicht, im Gegenteil, die Weltöf-
fentlichkeit nehme keine Notiz davon. So bekomme man den
Eindruck, «dass in weiten Kreisen die Judenverfolgung weniger
aus Gründen der Menschlichkeit Entrüstung hervorruft, als
vielmehr deshalb, weil sich die Nazis hier am Heiligen Privatei-
gentum vergreifen».

Wesentlich genauer erkannte man die Radikalisierung der antijüdischen NS-Politik im sozialdemokratischen Wochenblatt
Neuer Vorwärts, das seit 1938 in Paris erschien. Am 20. November 1938 wurde hier in einem Leitartikel die Gefahr klar benannt: «Was sich in Deutschland vollzieht, ist eine Menschheits-
schmach. Es ist eines jener grossen Massenverbrechen, an die
nachfolgende Generationen sich nicht mehr erinnern wollen,
weil ihnen sonst Weltgeschichte als eine Kette sinnloser Gräuel
erscheinen könnte. Es leben in Deutschland noch 600 000 Juden. Diese Kollektivität ist vom Tode gezeichnet. Die Männer
des Systems haben die Vernichtung der noch in Deutschland lebenden Juden beschlossen. Man kann nicht mitten im 20. Jahrhundert, im Herzen von Europa, 600 000 Menschen vernichten?
Man kann es doch! Es gehört zur Geheimwissenschaft des Dritten Reiches, dass andere Völker sterben können, dass man sie
also vernichten kann, wenn man sich über alle geistigen und
ethischen Konventionen hinwegsetzt, die dem im Wege stehen.»
Insbesondere wurde im sozialdemokratischen Umfeld erkannt,
dass es sich hier um eine bisher nicht gekannte Form der Verfolgung handelte: «Man muss der Tatsache ins Gesicht sehen, dass
mitten im Herzen von Europa eine Kollektivität – diesmal keine
Klasse und keine Partei – lediglich um ihrer rassenmäßigen Herkunft willen zum Tode verurteilt worden ist.»

Genau wurde auch beobachtet, wie unbeteiligte Zuschauer
und sogar Betroffene selbst sich bemühten, die Kette der Ge-

walttätigkeiten und Normverletzungen in «Einzelvorgänge» aufzulösen und so ihre Planmäßigkeit zu übersehen. Doch nach der Annexion Österreichs, so der *Neue Vorwärts,* habe das «Tempo der Vernichtung» zugenommen. Den Ausschluss der Juden aus dem Wirtschaftsleben wertete das Blatt als «Verurteilung zum wirtschaftlichen Tode». Die Milliardenabgabe, so wurde hier richtig erkannt, bedeute nicht nur eine Vermögenskonfiskation, sondern die «Vernichtung der jüdischen Vermögen».

Der *Neue Vorwärts* wies auch auf die Vorgeschichte der neuesten antisemitischen Maßnahmen hin. Diese «längst vorbereitete Phase des Vernichtungsfeldzuges» habe mit der Massenausweisung der in Deutschland lebenden Juden polnischer Nationalität begonnen. Die Verzweiflung, die die Juden und ihre Angehörigen damals habe ergreifen müssen, könne «von Nichtjuden kaum begriffen werden». Und so erfolgte hier auch eine der seltenen Verteidigungen von Herschel Grynszpan: «Hier hört die Politik ebenso auf wie die Frage nach Recht und Unrecht. Der Aufschrei einer bis zur letzten Verzweiflung gepeinigten Kreatur ist immer sinnlos, gleichgültig ob sie mit dem Munde oder mit den Händen schreit, er hat weder mit Politik noch mit Vernunft zu tun, er entringt sich dem Übermaß an Qual. Wenn die Quäler entmenscht sind bis zum Äußersten – wer kann von den Gequälten billig noch verlangen, dass sie sich unter den Peinigern als Menschen unter Menschen mit menschlichen Pflichten fühlen. Die Juden in Deutschland sind heute in der gleichen Lage wie Odysseus und seine Gefährten in der Höhle des Polyphem. Ohnmächtig sehen sie zu, wie mit grauenhafter Regelmäßigkeit die Ihrigen paketweise vernichtet werden, zitternd warten die noch Verschonten, dass die Reihe an sie kommt.»

Die Reaktionen auf die Katastrophe vor der Katastrophe waren so vielfältig wie die dahinterstehenden Perspektiven und Interessen. Gewisse Muster lassen sich aber feststellen, selbst über politische und ideologische Gräben hinweg: Empörung über die öffentlichen Gewalttätigkeiten wurde vielfach geäußert, praktische politische Konsequenzen zog man daraus aber nicht. Während die Opfer bedauert wurden, kam es international zu keiner Änderung der Flüchtlingspolitik. Nur in einigen Ausnahmefällen wurde innerhalb einzelner Staaten die Hilfe für die Aufgenommenen verbessert. Vor allem eines ist festzustellen: Was in Deutschland im November 1938 wirklich geschah, wurde vielerorts genau beobachtet und erkannt. Fast alle Ereignisse, bis hin zu den Verbrechen in den Konzentrationslagern, wurden sorgfältig registriert. Hellsichtige Kommentatoren waren auf das Schlimmste gefasst. Ob die Autoren, die von der «Ausrottung der Juden» sprachen, damit jeweils die Shoah antizipierten, ist letztlich unwichtig, der Ernst der Lage war jedenfalls für viele ersichtlich.

4. Nach den Pogromen

Vertreibung und Auswanderung

Für die noch im NS-Staat lebenden Juden stellte sich nach den Novemberpogromen nur noch eine Frage: Wie, wann und wohin konnte man fliehen? Abzuwarten wie in den Jahren zuvor war keine Option mehr. Der Wiener Jude Karl Sass schildert die neue Situation in einem Bericht von 1940: «Einige Tage verstrichen. Nach und nach kam ich immer mehr in die tote Stadt, die Leopoldstadt. Wie jeder Melancholiker, so weidete auch ich mein Gemüt mit Trauer, deren es in Hülle und Fülle gab. Wohin ich kam, war dasselbe zu hören: Plünderungen, Beleidigungen, Verhaftungen usw. Ueberall gab es Leichen, überall spürte man Leichengeruch. Das Leben wurde noch unheimlicher, als es vorher schon zur Genüge gewesen war. Wir sahen nun endgültig ein, dass Hitler im Inlande sich nur mit Pogromen kräftigen könne. [...] Ich folgerte daraus, dass es für uns nur einen Ausweg gebe: hinaus mit uns! – wenn wir wieder Menschen sein, wenn wir Selbstachtung haben wollen.»

Wie Karl Sass beschlossen nach der «Kristallnacht» die meisten Juden im Deutschen Reich, so schnell wie irgend möglich das Land zu verlassen. Sie alle waren nun mit den Widersprüchen der antisemitischen NS-Politik konfrontiert. Ihre Beraubung erschwerte es ihnen, hinderte viele sogar daran, dem Vertreibungsdruck zu folgen. Die Unzahl von Verordnungen und räuberischen Maßnahmen, die den deutschen Juden vor der Ausreise Geldwerte und Besitz entzogen – Devisenbestimmungen, Zwangsabgaben, Ausfuhrverbote etc. –, machten einen Neubeginn im Exilland fast unmöglich. Die ohnehin restriktiven Einreisebestimmungen der Aufnahmeländer wurden vielfach noch verschärft. Kein Land hatte Interesse daran, Menschen ohne finanzielle Existenzgrundlage aufzunehmen. Vielfach kollidierten die Zwangsabgaben im Reich mit den Einreisebestimmungen der Aufnahmeländer. Das von diesen häufig geforderte «Vorzeigegeld» war für die durch den NS-Staat beraubten Flüchtlinge schwer aufzubringen. Sie brauchten Freunde oder Verwandte im Ausland, die bereit waren, entsprechende finanzielle Mittel zur Verfügung zu stellen. Wer solche Kontakte nicht besaß, hatte nur geringe Chancen auf Auswanderung. Und diejenigen, die auswandern konnten, wurden im Exil zur «Last». An diesem Punkt war die Verfolgungspolitik der Nazis auf perfide Weise über die deutschen Grenzen hinweg effizient, der Hoffnung von NS-Ideologen entsprechend, ihren Antisemitismus exportieren zu können. Verarmte Flüchtlinge waren in keinem Land gern gesehen. Und für die jüdischen Gemeinden in den Aufnahmeländern bedeuteten sie oft eine schwere Belastung, denn meist wurden diese dazu gezwungen, die Neuankömmlinge finanziell zu unterstützen.

Im Jahr 1933 emigrierten rund 37 000 Juden aus Deutschland. Jährlich flohen danach zwischen 20 000 und 24 000. 1938 stieg die Zahl der Flüchtenden sprunghaft an: Bei der bis dahin größten Auswanderungswelle verließen 40 000 Juden das sogenannte Altreich, 60 000 Österreich. 1939 emigrierten 75 000 bis 80 000 Juden aus dem Deutschen Reich. 175 000 bis 180 000 Jüdinnen und Juden flohen also alleine in den Jahren 1938 und 1939 aus dem NS-Staat.

Diejenigen, die nicht auswanderten und später zum großen

Teil deportiert und ermordet wurden, blieben meist, weil die finanziellen und administrativen Hürden für sie unüberwindbar waren. Das galt in erster Linie für alte und arme Menschen, ebenso für solche, deren berufliche Qualifikation oder deren Sicherheiten für die Aufnahme in einem Zielland nicht ausreichten. Auch blieb ein hoher Anteil an jüdischen Frauen zurück. Als ihre Männer nach den Pogromen in Konzentrationslagern inhaftiert waren, bereiteten die Frauen deren Auswanderung vor und organisierten die Ausreisepapiere. Die ihnen persönlich drohende Gefahr schätzten sie aber oft falsch ein. Juden wie Nichtjuden hingen dem Irrglauben an, die deutsche «Anständigkeit» werde dafür sorgen, dass man zumindest Frauen nicht gewaltsam verfolgen würde. Dabei spielte das Selbstverständnis vieler akkulturierter deutscher Juden eine wichtige Rolle. Sie konnten sich die unfassbare Brutalität der Nationalsozialisten einfach nicht vorstellen und unterschätzten daher die Bedrohung. Dass der deutsche Staat in der «Judenfrage» tatsächlich mit Gewalt vorgehen und die Juden systematisch ermorden werde, das war für sie selbst angesichts der bereits stattfindenden Verfolgung undenkbar. Sie fühlten sich dem Deutschen Reich stark verbunden und erkannten bis 1937 oftmals noch nicht, wie katastrophal sich die Situation in Deutschland für sie entwickelte.

Dabei waren die rechtliche Emanzipation und die gesellschaftliche Akkulturation der Juden im Deutschen Reich im 18. und 19. Jahrhundert nicht unbedingt geradlinig verlaufen. Juden und Nichtjuden teilten damals eine nicht unproblematische Vorstellung: Die rechtliche Gleichstellung der Juden sollte mit ihrer gesellschaftlichen Assimilation einhergehen; beides bedingte sich in ihren Augen gegenseitig. Während die Freunde der Juden daher systematisch deren gesellschaftliche Leistungen und ihre gelungene Anpassung an das Deutschtum betonten, taten ihre Feinde das genaue Gegenteil. Waren die Juden, so fragte etwa Richard Wagner, überhaupt in der Lage, einen wahrhaft schöpferischen Beitrag zur deutschen Musik zu leisten? Waren sie überhaupt in der Lage, sich an die modernen Werte anzupassen, sich so zu «säkularisieren», wie es die christliche Mehrheitsgesellschaft tat, fragte der Junghegelianer und Marx-Anreger Bruno Bauer. Während auf der einen Seite die Fähigkeiten der Juden zur «Anpassung», «Assimilation» oder «Akkulturation» gelobt und gefeiert wurden, stellte ein Großteil der deutschen Elite genau dies ständig in Frage. Aus der geglückten Assimilation wurde in ihrer oftmals bösartigen Phantasie eine nur scheinbare Anpassung, eine «Unterwanderung», ja eine «Verschwörung». Erst die vollständige Abtrennung von allem als «jüdisch» empfundenen Sein und Denken brachte für diese Judenfeinde, die sich ab Ende des 19. Jahrhunderts manchmal selbst als «Antisemiten» bezeichneten, die «Erlösung». Der Kampf gegen alles «Jüdische» wurde für sie zum Programm. Dieses zu verfolgen verstanden sie als «Idealismus».

Doch gleichzeitig war das deutschsprachige Mitteleuropa auch ein Hort freiheitlicher Gedanken und tatsächlicher Akkulturation. Die deutschen Juden fühlten sich als Deutsche. Sie glaubten dies im Ersten Weltkrieg gegenüber weniger judenfreundlichen Staaten sogar mit der Waffe verteidigen zu müssen. «Pogrom» war ein Begriff, der bekanntlich auf die antijüdische Gewalt in osteuropäischen Ländern zurückging. Im Gegensatz dazu empfand man sich in Deutschland und Österreich als fortschrittlich und liberal. Und auch im für seine politischen Errungenschaften von vielen Juden bewunderten Frankreich waren judenfeindliche Strömungen im 19. Jahrhundert stark verbreitet.

Ein typischer Vertreter des assimilierten deutschen Judentums war der Jurist Hans Reichmann (1900–1964). Mit achtzehn hatte er noch als Soldat am Ersten Weltkrieg teilgenommen. In der Weimarer Republik und bis zu seiner Flucht 1939 war er für den Centralverein deutscher Staatsbürger jüdischen Glaubens (C. V.) tätig – der C. V. bekämpfte den Antisemitismus und war mit über 60 000 Mitgliedern die größte jüdische Organisation der Weimarer Republik. Nach den Novemberpogromen wurde Reichmann für mehrere Wochen im KZ Sachsenhausen inhaftiert. Bald darauf gelang ihm die Flucht ins englische Exil. Im Juli 1939, kurz nach seiner Ausreise, schrieb er in einem eindrucksvollen Brief an ein befreundetes Ehepaar über

seine noch 1937 gehegten Vorstellungen: «Wir haben uns am
10. August 1937 getrennt. Damals sah ich die kommende politische Entwicklung und den Weg der deutschen Juden so: Die
Westmächte würden ihre Rüstungen so steigern, daß Hitler mit
diesem Tempo nicht mehr mitkommen würde. Sein Versuch,
die Rüstungen der anderen einzuholen, würde [...] 1938 eine
wirtschaftliche Krise heraufführen und ihn vor die Wahl zwischen Krieg und Frieden stellen. [...] Ich glaubte an den Zwang
der Tatsachen und an die Einsicht der Militärs, die Deutschland
nicht in einem Krieg mit überlegenen Gegnern zerstören lassen
würden. Sollte der manische Mann aber doch für den Krieg ent-
scheiden, so hätte ich ihn – wie ich damals noch glaubte – in ir-
gendeiner militärischen Position schlecht und recht mitgemacht
und gehofft, ihn zu überleben. Das schien mir auch das Schicksal der deutschen Juden im Kriegsfall zu sein. [...] Ein Verblei-
ben der Juden im warmen Bett schien mir für den Kriegsfall weder wünschenswert noch psychologisch möglich.» Reichmann
war durch seine Tätigkeit als Sozius im C. V. gut über die Lage
der Juden im NS-Staat informiert. Trotzdem zeigte sich auch
bei ihm ein unter national eingestellten Juden weitverbreitetes
Unverständnis für die tatsächliche Gefahr, die dem deutschen
Judentum durch den Nationalsozialismus drohte.

Die sich permanent verschärfende antisemitische Politik
stärkte innerhalb der jüdischen Gemeinden eine im deutschen
Judentum bis dahin marginale Stimme, die der Zionisten. Sie
hatten bereits nach der Machtergreifung mit einer gezielten Planung der Auswanderung begonnen und versuchten die Emigration nach Palästina voranzutreiben. Dazu gehörte auch die Aus-
weitung der kibbuzähnlichen «Hachschara»-Stätten. Hier wurden deutsche Juden auf das Leben in Palästina vorbereitet,
indem sie etwa eine landwirtschaftliche Ausbildung erhielten
und Hebräisch lernten. Doch diese Auswanderungspläne waren
langfristig angelegt und nicht dazu geeignet, rasch auf den seit
1938 ausgeübten brutalen Druck der NS-Führung zu reagieren.

Auch nichtzionistische Organisationen hatten nach Erlass der
Nürnberger Gesetze im September 1935 mit der konkreten Suche nach Auswanderungsmöglichkeiten begonnen. Im selben

Jahr richtete die Reichsvertretung der Deutschen Juden einen sogenannten Wanderungsausschuss ein; hier versammelten sich alle Organisationen, die mit der Auswanderung befasst waren und Beratung und Unterstützung in Sachen Zertifikate, Visa, Devisentransfer etc. boten. Der Ausschuss sollte künftig die Wanderungsbewegungen planen und die Arbeit der drei wichtigsten Organisationen koordinieren. Zu ihnen gehörte die Jewish Agency for Palestine, die für die Auswanderung nach Palästina, die «Alija», zuständig war; das Palästinaamt der Jewish Agency hatte seinen Sitz in Berlin, zweiundzwanzig weitere Dienststellen existierten im Reich. Die beiden anderen wichtigen Einrichtungen waren der Hilfsverein der deutschen Juden, der die Auswanderung in alle Länder organisierte, und die 1917 gegründete, für Exilländer in Osteuropa zuständige Hauptstelle für jüdische Wanderfürsorge.

Da überwiegend junge jüdische Männer emigrierten, die für ihr neues Leben in Palästina geschult worden waren, machte sich in den Jahren ab 1933 innerhalb der jüdischen Gemeinden ein starker demographischer Wandel bemerkbar. Die Relation zwischen Frauen und Männern veränderte sich, und der Anteil der alten Menschen nahm zu: Über 65-Jährige hatten 1933 10,5 Prozent der gesamten jüdischen Bevölkerung ausgemacht, 1939 waren es 21 Prozent; im selben Jahr lag der Anteil der 30-Jährigen bei weniger als 20 Prozent.

Während aus dem sogenannten Altreich seit 1933 permanent Jüdinnen und Juden emigrierten, setzte in Österreich nach dem «Anschluss» im März 1938 eine wahre Massenflucht ein. Sie war durchaus gesteuert und verlief nach einem System, das Adolf Eichmann und seine Gehilfen sich ausgedacht hatten. Im August 1938 wurde von ihnen die Wiener «Zentralstelle für jüdische Auswanderung» eingerichtet – das Modell, an dem sich die nationalsozialistische «Judenpolitik» zukünftig orientieren sollte. Noch 1961, als er in Jerusalem vor Gericht stand, brüstete Eichmann sich mit dem «Erfolg».

Die österreichischen Juden hatten mit dem Anschluss bereits die ungeheure Wucht des Pogroms erlebt: Angriffe, Zerstörungen, Plünderungen, massive öffentliche Demütigungen. Auch der Raub jüdischen Vermögens war im Rahmen der «Märzaktion» im großen Stil durchexerziert worden. Die Gewalt- und Enteignungsexzesse zogen sich in Wien über Wochen hin. Ähnlich wie bei den Novemberpogromen im Altreich waren die Gewaltaktionen in der Provinz besonders brutal; jüdische Gemeinden wurden hier zum Teil vollständig vertrieben. Den Anfang machte das Burgenland, eine Gegend, in der mancherorts die Mehrheit der Dorfbevölkerung jüdisch war. Auch in Österreich gab es Tote, auch hier stieg die Selbstmordrate. Erst als Josef Bürckel, der «Reichskommissar für die Wiedervereinigung Österreichs mit dem Deutschen Reich», am 29. April 1938 massive Drohungen gegen die verantwortlichen SA-Führer aussprach, ebbte die Gewaltwelle ab.

Innerhalb kürzester Zeit wurden in Österreich antisemitische Maßnahmen eingeführt und umgesetzt: Berufsverbote, Entlassungen, die Schließung jüdischer Kultureinrichtungen und Zeitungen etc. Sie wurden nicht nur aus dem Altreich übernommen, sondern auch willkürlich abgewandelt. Bernhard Kahn, der europäische Vertreter des Joint Distribution Committee, einer der großen amerikanisch-jüdischen Hilfsorganisationen, stellte im März 1938 fest, man habe den Juden Österreichs «innerhalb von fünf Tagen aufgezwungen, was in Deutschland in fünf Jahren an antijüdischen Unterdrückungsmaßnahmen durchgesetzt» worden sei.

Die «wilden» Aneignungen jüdischen Eigentums liefen in Österreich vollkommen aus dem Ruder. Göring «legalisierte» den Raub am 24. April 1938, indem er eine staatliche Treuhandorganisation mit Namen «Vermögensverkehrsstelle» einrichtete. Die neue Behörde konzentrierte sich auf die «Arisierung» oder Liquidation kleiner und mittlerer Betriebe. Allein im Jahr 1938 brachte der NS-Staat damit Vermögenswerte von zwei Milliarden Reichsmark unter seine Kontrolle, rund zwei Drittel des geschätzten derzeitigen Gesamtvermögens der österreichischen Juden.

Die andere entscheidende neue NS-Institution war die bereits erwähnte Zentralstelle für jüdische Auswanderung in Wien, die dem Sicherheitsdienst der NSDAP unterstand. Als ihr formeller

Leiter wurde Franz Walter Stahlecker eingesetzt, tatsächlich aber leitete Eichmann die Zentralstelle von Anbeginn in eigener Verantwortung. Schon vor ihrer Einrichtung im August 1938 wurden jüdische Persönlichkeiten sowie die Sprecher und Leiter sämtlicher jüdischer Organisationen und Gemeinden verhaftet. Am 18. März 1938 schlossen SD und Polizei die Israelitische Kultusgemeinde in Wien. Nach ihrer Wiedereröffnung am 2. Mai wurde die Arbeit der Kultusgemeinde vollständig von Eichmann und seinen Mitarbeitern kontrolliert, und unzählige Fürsorgeeinrichtungen blieben geschlossen.

Vermögenden österreichischen Juden erlegte die Zentralstelle eine «Auswandererabgabe» auf, um damit die Auswanderungskosten der ärmeren Juden zu decken. Reisepässe wurden nur nach einer Vermögensabgabe von fünf Prozent ausgegeben. Weitere Zwangsabgaben folgten. Das Besondere an dieser staatlichen Vertreibungsinstitution war, dass in ihr sämtliche mit der Auswanderung befassten Stellen vertreten waren: Zoll-, Devisen-, Pass-, Steuer- und Enteignungsämter waren effizient zusammengefasst, um die erzwungene Emigration der österreichischen Juden zu beschleunigen. In den Akten des Jerusalemer Eichmann-Prozesses findet sich die folgende Schilderung des Eichmann-Systems – sie stammt von jüdischen Funktionären, denen Eichmann die Zentralstelle 1938 stolz vorgeführt hatte: «Auf der einen Seite kommt der Jude herein, der noch etwas besitzt, einen Laden oder eine Fabrik oder ein Bankkonto. Nun geht er durch das ganze Gebäude, von Schalter zu Schalter, von Büro zu Büro, und wenn er auf der anderen Seite herauskommt, ist er aller Rechte beraubt, besitzt keinen Pfennig, dafür aber einen Paß, auf dem steht: ‹Sie haben binnen 14 Tagen das Land zu verlassen, sonst kommen Sie ins Konzentrationslager.›» Eichmann machte die Vertreter und Mitarbeiter der Israelitischen Kultusgemeinde persönlich dafür verantwortlich, dass die hohen Auswanderungsquoten, die er festgelegt hatte, erfüllt wurden.

Bis zum Beginn des Zweiten Weltkriegs waren aus Österreich zwei Drittel der dort lebenden Juden emigriert. Die Zentralstelle ging 1941 nahtlos dazu über, die Deportationen in die Todeslager zu organisieren. Vertreibung und Vernichtung waren im NS-Staat kein Gegensatz, auch was das dafür eingesetzte Personal anbelangte. Die «Erlösung», die sich die nationalsozialistischen Antisemiten von dem erfolgreichen Kampf gegen die Juden erhofften, schien anfangs noch durch eine vollständige Vertreibung denkbar.

In Berlin wurde im Januar 1939 nach dem Wiener Vorbild die «Reichszentrale für jüdische Auswanderung» eingerichtet. Die Reichsvertretung der Juden in Deutschland hatte ihre Arbeit ab Sommer 1938 vollständig auf die Emigration konzentriert. Doch eigentlich ging es nun schon lange nicht mehr um «Auswanderung»; die Diskussionen um Auswanderungsmöglichkeiten für deutsche Juden waren durch die Politik des NS-Regimes überholt. Es ging inzwischen um die Evakuierung möglichst vieler Menschen.

Nach den Novemberpogromen setzten eine hektische, ja panische Suche nach Fluchtmöglichkeiten ein und der verzweifelte Kampf darum, sich in welcher Form auch immer die notwendigen Ausreisepapiere und Einreisevisa zu beschaffen. Der Handel mit gefälschten Papieren, gefälschten Tickets für Schiffspassagen hatte Hochkonjunktur. Von den Finanzämtern ausgestellte Unbedenklichkeitsbescheinigungen mussten vorgelegt werden, um überhaupt einen Pass beantragen zu können; belegt werden musste: Steuern bezahlt, Reichsfluchtsteuer bezahlt, Sühneabgabe bezahlt (die Sondersteuer für Juden nach den Pogromen). Selbst für vermögende Juden waren die geforderten Summen kaum aufzubringen. Je größer die Gefahr im Nazireich wurde, desto mehr stiegen die Preise für Visa und Pässe. Diese Papiere waren aber die erste Voraussetzung, um zu entkommen.

Die Verzweiflung der Menschen spiegelte sich in erfolglosen Aktionen. So nahm das Flüchtlingsschiff St. Louis im Mai 1939 Kurs auf Kuba, nur um im Juni mit sämtlichen seiner über 900 unglücklichen Insassen nach Europa zurückzukehren. In Antwerpen gingen die Flüchtlinge schließlich von Bord. Kuba hatte die Landung ebenso verweigert wie die USA – und es konnte auch kein anderes Aufnahmeland gefunden werden.

Zielländer der ersten Auswanderungswellen ab 1933 waren

vor allem die Nachbarstaaten: Das Hauptexilland in den Jahren 1933 und 1934 war Frankreich. Auch das Saarland, das bis 1935 unter dem Mandat des Völkerbunds stand, war ein Auswanderungsziel; Österreich bis zum «Anschluss» 1938, die Tschechoslowakei bis zur Zerschlagung 1938/39. Doch die Sicherheit in den Nachbarländern war zeitlich begrenzt, da alle mit der Expansion Nazideutschlands unter den deutschen Macht- und Einflussbereich fielen. Viele der Geflüchteten schafften es außerdem nicht, sich im Exil eine Existenz aufzubauen; ihnen blieb zumeist keine andere Wahl, als nach Deutschland zurückzukehren.

Die Reichsvertretung der Juden gab in ihrem Anfang 1939 veröffentlichten Jahresbericht an, dass die Aufnahmebereitschaft der europäischen Länder seit 1933 stetig gesunken sei. 1938 seien die Zahlen jedoch wieder angestiegen, wobei «es sich hier in der Hauptsache naturgemäß um Transitwanderungen» handele. Hinsichtlich der Emigration nach Übersee heißt es in dem Bericht weiter, dass die Vereinigten Staaten von Nordamerika 1938 ein Drittel der Auswanderer aufgenommen hätten. Ende 1938 war auch die Zahl der nach Schanghai Ausgewanderten stark gestiegen. Die Asylmöglichkeiten in Übersee änderten sich oft und manchmal abrupt. So waren die südamerikanischen Staaten Argentinien, Kolumbien, Paraguay und Uruguay 1938 wichtige Asylstaaten, doch im Januar 1939 wurde für Juden die Flucht in diese Länder schon wieder unmöglich.

Innerhalb Europas änderte vor allem Großbritannien nach den Novemberpogromen seine Asylpolitik gegenüber den verfolgten Juden. Zwischen Januar und Anfang September 1939 wurden hier 20 000 jüdische Flüchtlinge aus Deutschland, 20 000 aus dem ehemaligen Österreich und 10 000 aus der Tschechoslowakei aufgenommen – bis November 1938 waren dagegen nur 5500 Asylsuchende beim Jewish Refugee Committee registriert worden. Vergleichsweise gering fielen die Einwanderungszahlen in anderen europäischen Ländern aus. Von November 1938 bis zum Kriegsbeginn September 1939 nahmen Frankreich, Belgien und die Niederlande rund 5000 jüdische Flüchtlinge auf. Die Aufnahmebereitschaft Großbritanniens war also herausragend, auch wenn die meisten der Geflüchteten ihre Einreiseerlaubnis nur unter der Bedingung erhielten, den Aufenthalt ausschließlich als Transitstation zu nutzen.

Manchmal war die Möglichkeit, ein solches Transitvisum zu erhalten, von Einzelnen abhängig. Das zeigt etwa das Beispiel des britischen Generalkonsuls in Frankfurt am Main, Robert T. Smallbones. Im Konsulat in der Guiollettstraße 62 nahm Smallbones während der Pogrome Hunderte von Juden auf, um sie vor der Verhaftung zu retten. Zusammen mit seinen Mitarbeitern versorgte er die Verstörten mit Essen, tröstete sie und brachte auch in den folgenden Tagen Lebensmittel zu verzweifelten Familien, in denen die Männer verhaftet worden waren. Für viele Tausende von Menschen konnte er bis Oktober 1939 – unter starker Ausdehnung seiner Amtsbefugnisse – Transitvisa ausstellen, die zumindest die Einreise nach Großbritannien ermöglichten. Bis zum physischen Zusammenbruch setzte sich Smallbones dabei ein. «Ich ging zu Bett», beschrieb er später die eigene Situation, «nach zwei Stunden rührte mich mein Gewissen. Es war ein schreckliches Gefühl, dass es Menschen in Konzentrationslagern gab, die ich herausbekommen konnte, und dass ich selbst behaglich im Bett lag.» Vielleicht löste gerade die Tatsache, dass sogar ein Einzelner wie Smallbones so viel tun *konnte,* später Unbehagen bei all jenen aus, die nichts getan hatten. Jedenfalls ist es auffällig, wie schnell und nachhaltig seine Rettungsaktion vergessen oder verdrängt wurde. Die Stadt Frankfurt am Main erinnert seit dem Jahr 2013 – 75 Jahre nach den Pogromnächten – zumindest mit einer Gedenktafel an Smallbones und seine Hilfeleistung.

Als Exilländer waren vor allem Palästina und die USA begehrt. In beiden Fällen war die Einreise jedoch besonders schwer. Das britische Mandatsgebiet Palästina ließ die Einwanderung insbesondere von jungen Zionisten nur nach einem Quotensystem zu. Über die Jewish Agency wanderten von 1933 bis 1936 legal rund 29000 deutsche Juden nach Palästina aus, von 1937 bis 1941 weitere circa 18000. Einige Tausend Flüchtlinge erreichten Palästina auf dem Weg der illegalen Einwanderung, der «Alija Beth». Auch die USA benutzten zur Regulierung der Einwanderung ein Quotensystem. Bis 1939 blieben die Einwanderungszahlen unterhalb der festgesetzten Quote. Die restriktive Politik der amerikanischen Einwanderungsbehörden zusammen mit den zahlreichen vom NS-Staat aufgestellten Hürden machten es außerordentlich schwer, in die USA einzuwandern. Die harten Regelungen wurden nach den Novemberpogromen zwar aufgeweicht, dennoch blieb der Weg zur Erlangung einer Einwanderungserlaubnis sehr schwierig. 130 000 deutschsprachige Juden erreichten trotz aller Hindernisse die USA, die somit das wichtigste Exilland war.

Mit Beginn des Zweiten Weltkriegs sanken die Auswanderungszahlen aufgrund von Transportschwierigkeiten und wegen des Abzugs von diplomatischen Vertretungen aus dem Deutschen Reich rapide. 1940 emigrierten 15 000 Juden aus Deutschland, 1941 nur noch 8000. Am 23. Oktober 1941 ordnete Himmler in einem Geheimerlass an, «daß die Auswanderung von Juden mit sofortiger Wirkung zu verhindern ist. (Die Evakuierungsaktionen bleiben hiervon unberührt). [...] Lediglich in ganz besonders gelagerten Einzelfällen, z. B. bei Vorliegen eines positiven Reichsinteresses, kann nach vorheriger Herbeiführung der Entscheidung des Reichssicherheitshauptamtes der Auswanderung einzelner Juden stattgegeben werden.» Damit war die Emigration nur noch als illegale Flucht möglich. Nach diesem generellen Auswanderungsverbot gelang es bis 1945 lediglich noch etwa 8500 Juden zu entkommen. Insgesamt wird geschätzt, dass zwischen 1933 und 1945 rund 280 000 deutsche Juden das Land verlassen haben. Sie flüchteten in über 90 Länder, darunter auch die Transitländer, die Stationen auf dem Weg nach Übersee waren, und Asylländer, die ihnen nur für eine begrenzte Zeit von einigen Jahren Aufenthalt gewährten.

Die Kindertransporte

Weniger als einen Monat nach den Novemberpogromen begannen im Dezember 1938 die als «Kindertransport» bekannten Evakuierungen jüdischer Kinder aus Deutschland. Bis zu Beginn des Krieges im September 1939 wurden dabei 9354 Kinder aus

dem «Altreich», dem annektierten Österreich und dem Sudetenland in Großbritannien aufgenommen, darunter 7482 jüdische
Kinder. Doch war dies nur ein Bruchteil derjenigen, die sich bei
der Reichsvertretung der Juden in Deutschland zur Ausreise an-
gemeldet hatten. Für mehr als 10000 Kinder blieb dieser Ret-
tungsweg verschlossen. Und nur in den seltensten Fällen konnten die Kinder gemeinsam mit ihren Eltern emigrieren.

Die Kindertransporte waren eine direkte Reaktion auf die Pogrome. Spätestens im November 1938 war deutlich geworden,
dass die vorhandenen, langfristig angelegten Auswanderungsmöglichkeiten in krassem Widerspruch zu dem gravierenden
Druck standen, den das NS-Regime auf die deutschen Juden
und die jüdischen Organisationen ausübte. Die Situation erfor-
derte vielmehr schnelle Aktionen.

Das einzige Land, welches die Voraussetzungen für eine so-
fortige Evakuierungsaktion schuf, war Großbritannien. Chamberlain traf sich bereits am 15. November 1938 mit Vertretern
des britischen Council for German Jewry, um die drängende
Frage der Fluchtmöglichkeiten zu besprechen. Am 21. November 1938 beschloss das Unterhaus, allen verfolgten Kindern, deren finanzielle Absicherung durch Privatpersonen oder Organisationen gewährleistet war, eine Einreiseerlaubnis zu erteilen;
eine Quote legte die britische Regierung nicht fest. Durch Sam-
melvisa wurde eine weitestgehend unbürokratische Aufnahme
jüdischer und nichtjüdischer Kinder ermöglicht, um diese vor
Verfolgung, Internierung und Todesgefahr zu schützen. In den
USA scheiterte ein ähnlicher Vorschlag an der Angst, eine um-
fangreichere Emigration von Juden aus Deutschland könnte den
Antisemitismus im Land weiter anheizen. Auch in England war
die gesellschaftliche Akzeptanz jüdischer Flüchtlinge gering.
Kinder bildeten hier jedoch eine Ausnahme, da sie nicht als direkte Konkurrenz auf dem Arbeitsmarkt empfunden wurden
und als integrierbar galten. Darüber hinaus wird Kindern mehr
Mitgefühl entgegengebracht. Außerdem hegte man die Hoffnung, England sei für sie nur eine Zwischenstation auf dem
Weg zu den begehrteren Exilländern USA und Palästina; dort-
hin emigrierten etwa zehn Prozent der geretteten Kinder.

Der erste Kindertransport erreichte Großbritannien am 2. Dezember 1938. Zwischen dem Eintreffen der Ausreisenachricht und der Abfahrt lagen für die Kinder und Jugendlichen meist nur 24 Stunden. Am 25. Dezember 1938 berichteten Jugendliche aus einem Kindertransport über ihre Reise: «Anfang Dezember wurden die Kinder und Jugendlichen in verschiedenen deutschen Städten verständigt, dass sie sich für einen Transport nach England schnellstens bereit machen sollten. [...] Jedes Kind sollte nur, soviel es selbst tragen konnte, mitnehmen. Es erwies sich bald, dass sehr viele sich unzweckmässig ausgerüstet hatten, zumindest im Hinblick auf das kalte und nasse Lager Lowestoft, das etwa 600 von ihnen aufnahm. Die Grenzkontrolle war zum Teil sehr scharf, zum Teil harmlos. In Holland gab es einen sehr warmen Empfang, der allen Kindern noch in guter Erinnerung ist. In England wurden die aus den verschiedenen Gegenden des Reiches kommenden Kinder vereint.»

Für die zurückbleibenden Eltern und Angehörigen war die Trennung natürlich schwer. Die Wienerin Ruth Maier hielt am 11. Dezember 1938 in ihrem Tagebuch fest, wie sie den Abschied von ihrer Schwester erlebte: «Dita ist weg. Jetzt fährt sie im Zug, auch jetzt, in diesem Augenblick. Sie lacht, packt das Essen aus, oder vielleicht hat sie Heimweh. [...] Gestern also um 11 h im Schnellzug. Eine leere Stelle ist jetzt hier in unserem ‹Heim›. Mama sagt zu mir ‹Dittl›, und Großmutter weint, und Mama weint. [...] Es war gestern nur so, wie man es malen kann. In Hütteldorf [Stadtteil von Wien] draußen, dunkel und schwarz. Mit Taschenlampen haben die jüd. Ordner geleuchtet. Und Kinder, bis 17 Jahre, Burschen und Mädels mit Rucksäcken und Kofferln. Immer noch einen Kuß. Noch einen und einen letzten. Neben mir hat eine Frau geweint, nicht leise für sich: Gewimmert hat sie, gestöhnt. Tief aufgeseufzt. Im ganzen Gesicht gebebt ... Kleine 4jährige Kinder haben geschrien. Wahnsinn! Auf den Armen hat man sie noch tragen müssen. Und die Mütter! Die Väter von den Kleinen sind in Dachau ... [...] In einem kleinen Häuferl ist Dita mit anderen dort gestanden, im Dunkel. Nur ihren weißblauen Schal hab' ich gesehen. Wie wir vorbeigegangen sind an diesem Häuflein jüd. Flüchtlinge, da hat

sie auf einmal ‹Mama› gerufen. Und hat gewinkt. An uns sind
sie vorbei. Knapp! Noch einen letzten Kuß haben sie sich geben
wollen, Dita und Mama. Ganz nah waren ihre Lippen, da hat
sie der Ordner auseinandergerissen. ‹Machen Sie sich's net
schwerer.›»

Die NS-Behörden hatten keine Einwände gegen die Rettungsaktion und stellten Sonderzüge bereit. Ansonsten galt die Bedingung, dass keine Kosten für den deutschen Staat anfallen sollten. Nach dem deutschen Überfall auf Polen kam diese Form
der Rettung von Kindern zu einem Ende. Der letzte Transport
erreichte die Britischen Inseln am 2. September 1939.

Nach der Ankunft in England wurden die Kinder vorüberge-
hend in Sammellagern nahe der Küste untergebracht und von
dort in Pflegefamilien oder Heime vermittelt. Anfänglich konnten sich die Pflegefamilien die Kinder sogar direkt aussuchen,
was zur Folge hatte, dass fast nur junge, nichtorthodoxe Mädchen in Familien gelangten und ältere Jungen in Heime abge-
schoben wurden. Um diese für die Kinder schwere Diskrimini-
rung zu beenden, wurden sie den Familien ab Februar 1939
durch das Refugee Children's Movement zugewiesen, eine
Hilfsorganisation, die aus dem Zusammenschluss verschiedener
nichtjüdischer Organisationen hervorgegangen war.

In Deutschland verhandelten die Reichsvertretung der Juden
und die Israelitische Kultusgemeinde Wien mit den zuständigen
NS-Behörden über Ausreisemodalitäten. Unterstützt wurden sie
von ausländischen Flüchtlingsorganisationen wie dem Jewish
Refugee Committee. Die Abteilung Kinderauswanderung der
Reichsvertretung stellte die Listen der jüdischen Kinder zusammen, die das Land verlassen sollten.

Um für einen Transport zugelassen zu werden, durften die
Kinder nicht älter als 15 Jahre sein und keine körperlichen oder
geistigen Behinderungen haben. Die ersten Kindertransporte
sollten die am meisten gefährdeten Kinder – ältere Jungen, Kinder aus Heimen und Waisenhäusern sowie Staatenlose – schnell
vor dem Zugriff der Nationalsozialisten in Sicherheit bringen.
Ohne die Pauschalbürgschaften des Refugee Children's Movement wäre für diese Kinder wahrscheinlich keine Hilfe möglich

gewesen, denn «der Altruismus der zur Aufnahme eines Pflege-
kindes bereiten Menschen hatte enge Grenzen», wie Claudia
Curio in ihrem Buch über die Kindertransporte feststellt. Das
Refugee Children's Movement wurde zunächst ausschließlich
mit privaten Mitteln unterstützt. Erst als die Spenden ab Oktober 1942 nicht mehr ausreichten, um den Unterhalt der Kinder
zu sichern, half das Innenministerium auch finanziell.

Die Emigration bedeutete selbstverständlich einen Bruch in
der Biographie der Kinder. Von ihnen wurde unabhängig von
dem emotionalen Schock ein hohes Maß an Flexibilität verlangt: Sie mussten eine neue Sprache erlernen, ihre Ausbildung
meist schnell abschließen und vor allem innerhalb der britischen
Gesellschaft möglichst «unsichtbar» bleiben. Auch das Einleben
in einer neuen Pflegefamilie oder einem Heim war nicht einfach.
Um ihre Assimilation zu ermöglichen, achtete man darauf, dass
die Kinder in ein ähnliches soziales Milieu gelangten und nicht
zu viele emigrierte Kinder in derselben Gegend lebten, so dass
sie gezwungen waren, sich den neuen Umständen anzupassen.

Die Angehörigen der Kindertransporte stellten keine homo-
gene Gruppe dar. Unter ihnen waren Orthodoxe und Areligiöse,
Waisen, Staatenlose, Kinder aus sozial schwachen Milieus oder
aus dem gehobenen Bürgertum. Diejenigen, die aus einem stabi-
len sozialen Umfeld kamen, hatten bessere Chancen, sich in der
Exilsituation zurechtzufinden. Ältere Kinder verkrafteten das
Exil meist besser als jüngere, denn diese konnten die Trennung
von ihren Eltern schwer verstehen und fühlten sich oft selbst
dafür verantwortlich.

Vier von zehn Kindern sahen ihre Mütter und Väter nach
dem Krieg nicht wieder. Die meisten mussten erfahren, dass ihre
Eltern ermordet worden waren. Großbritannien ermöglichte
den geflüchteten Kindern die Einbürgerung; viele von ihnen
nahmen die britische Staatsbürgerschaft an. Von den Jugendlichen, die England verließen, entschieden sich die meisten für ein
Leben in den USA oder in Palästina, einige wenige kehrten nach
Deutschland oder Österreich zurück.

Die Geschichte der Kindertransporte wurde erst nach dem
ersten Treffen der «Kinder» 1989 allmählich wahrgenommen –

fünfzig Jahre nach der Rettungsaktion. Noch in den sechziger Jahren waren den Angehörigen der Kindertransporte von deutschen Gerichten Entschädigungen für die lebenslangen Belastungen verweigert worden. Ein Schamgefühl der «Kinder» gegenüber den Überlebenden der Konzentrationslager verursachte eine Art «Trauerproblem», das erst angesprochen wurde, als Anfang der neunziger Jahre die erste Generation der Holocaustüberlebenden großteils verstorben war.

Holocaust: Langfristige Auswirkungen der Novemberpogrome

Verglichen mit der nach dem Einmarsch der deutschen Truppen in Polen einsetzenden Verfolgung und Ghettoisierung, den hunderttausendfachen Morden der Einsatzgruppen und dem millionenfachen Mord in den nationalsozialistischen Vernichtungslagern sind die Pogrome vom November 1938 ein begrenztes Verbrechen. Pogrome gehörten bereits vor der NS-Zeit zum Erfahrungshorizont von Juden. Das aus dem Russischen stammende Wort bedeutet Verwüstung, Zerstörung oder auch Krawall. Zwar gab es bei Pogromen, wie sie etwa nach der Ermordung von Zar Alexander II. 1881 auftraten, auch Morde, sie waren aber nicht Ziel und Zweck. Bei den schweren Pogromen, die zwischen 1903 und 1906 in Russland stattfanden und zur Auswanderung von Juden nach Palästina führten, kamen zwar viele Juden ums Leben, aber die Schätzungen gehen nicht über 2000 hinaus. Die Novemberpogrome 1938 überstiegen diese Zahl erheblich, wenn man die in der unmittelbaren Folge in den Konzentrationslagern Ermordeten mitzählt. Doch war das Morden sogar hier, anders als während des Zweiten Weltkriegs, noch nicht das eigentliche Ziel. Gleichwohl gibt es engste Verflechtungen zwischen dem, was man später «Holocaust», «Shoah» oder «Churban» nennen sollte, und den Novemberpogromen. Sie manifestieren sich vor allem in der Tatsache, dass es sich teilweise um dieselben Täter handelte.

Die zunehmend aktive und federführende Rolle der SS in der «Judenpolitik» hatte sich schon länger angekündigt. Im Januar

1937 verfasste der Journalist und SS-Oberscharführer Herbert Hagen, der ab Herbst 1937 das «Judenreferat» des SD-Hauptamtes leiten sollte, einen Bericht «Zum Judenproblem». Hagen zog darin drastische Maßnahmen in Erwägung oder rückte sie zumindest in den Bereich des Denkbaren. «Leitgedanke bei den nachstehenden Ausführungen ist die ‹Entjudung Deutschlands›. Eine solche kann nur erfolgen, wenn den Juden in Deutschland die Lebensbasis, d.h. die wirtschaftliche Betätigungsmöglichkeit genommen wird.» In dem 22-seitigen Papier werden radikale Vorschläge zu drei Punkten ausgeführt, zur Verdrängung der Juden aus der Wirtschaft, zur Verstärkung des politischen und gesetzlichen Drucks und zur Erweiterung der technischen Möglichkeiten der Auswanderung; unter Letzterem umriss Hagen auch die Aufgaben einer «neu zu schaffenden» Auswanderungszentrale.

Eine solche zentrale Auswanderungsstelle wurde, wie bereits ausgeführt, 1938 von Eichmann in Wien realisiert und bald auch an anderen Orten eingerichtet: im Januar 1939 in Berlin die Reichszentrale für jüdische Auswanderung, weitere Zentralstellen im Juli 1939 in Prag und im März 1941 in Amsterdam. Stolz berichtete Eichmann, der nur wenig später an entscheidender Stelle für die Organisation und Durchführung des Holocaust verantwortlich sein wird, am 8. Mai 1938 seinem Freund und Vorgesetzten Herbert Hagen über das Wiener Modellprojekt: «Sämtliche jüd. Organisat. in Öst. sind zur 8-tägigen Berichterstattung angehalten worden. Dieselben werden dem jeweiligen Sachbearbeiter [von] II 112 übergeben […] Am Freitag n[ächster] Woche erscheint die erste Nummer der zionist. Rundschau. Ich habe mir die Manuskripte einsenden lassen und bin gerade bei der langweiligen Arbeit der Zensur. Die Zeitung geht Euch selbstverständlich auch zu. Es wird gewissermaßen ‹meine› Zeitung [werden]. Jedenfalls habe ich die Herrschaften auf den Trab gebracht, was Du mir glauben kannst. Sie arbeiten dzt. auch schon sehr fleißig. Ich habe von der Kultusgemeinde und dem Zion. Landesverband eine Auswanderungszahl von 20 000 mittellosen Juden für die Zeit vom 1. IV. 38–1. V. 39 verlangt […] Morgen kontrolliere ich wieder den Laden der Kultusgemeinde [...] Ich habe sie hier vollständig in der Hand, sie trauen sich keinen Schritt, ohne vorherige Rückfrage bei mir zu machen.»

In seinen 1961 unter dem Titel «Als Rassereferent im Reichsministerium des Innern» veröffentlichten Aufzeichnungen sollte Ministerialrat Bernhard Lösener über die Zentralstelle für jüdische Auswanderung berichten: «Unter seiner [Eichmanns] Führung durchwanderte ich die sämtlichen Auswanderungseinrichtungen, die er in Wien geschaffen hatte. [...] Die Korridore von den unterschiedlichen Büros [...] waren gedrängt voll von jüdischen Menschen [...] Frauen rissen in den überfüllten Korridoren ihre Kinder erschreckt beiseite, sobald sie Eichmann sahen, der unbekümmert wie auf leerer Straße dahinging und alles beiseite stieß, was da in menschlichem Unglück harrte. [...] Eichmann führte mich auch in das Büro der Synagogengemeinde [der Kultusgemeinde] [...] Als ich ankam, sah ich eine Anzahl von Juden dort auf mehreren Stühlen [...] Sie sprangen sofort hoch, als wir eintraten; es waren die Bearbeiter der verschiedenen Angelegenheiten der Synagogengemeinde Wien. Eichmann rief sie kurz bei Namen auf, sagte mir ebenso kurz, worüber sie Vortrag zu halten hätten, und sofort schnurrten sie wie dressierte Tiere ihre Angaben herunter. Der Ausdruck berechtigter Todesangst war auf jedem Gesicht zu lesen.»

Wichtige Funktionsträger der Judenabteilung des SD waren neben Hagen und Eichmann auch Dieter Wisliceny und Theodor Danneker. Eifrig und karrierebewusst trieben alle vier ab 1939 die antijüdische Politik der Nationalsozialisten in den besetzten Ländern und den Vasallenstaaten voran. Sie waren alle an der konkreten Umsetzung bis hin zur reibungslosen Organisation des Massenmords beteiligt. Die SD-«Experten», die ihren Radikalisierungswillen in der «Judenfrage» mit jedem Schritt weiter offenbarten, weiteten ihren Machtbereich innerhalb des NS-Apparats sukzessive aus. Grundlegend für diese Entwicklung war das Jahr 1938 – auch in diesem Sinne ein Entscheidungs- oder Schicksalsjahr. Denn 1938 setzt der SD seinen strategischen Plan, die Juden aus dem deutschen Machtbereich zu vertreiben, durch. Die forcierte Auswanderung wird zum obersten Ziel antijüdischer Politik. Das Modell der administrativ wie organisatorisch durchrationalisierten Auswanderungszentrale garantiert Erfolgszahlen. Der SD dehnt in diesem Jahr nach und nach seine exekutiven Befugnisse aus, die bis dahin nur der Gestapo zustanden. Als im Januar 1939 die Berliner Reichszentrale für jüdische Auswanderung eingerichtet wird, setzt Göring als Leiter den Chef der Sicherheitspolizei, Heydrich, ein und schafft damit die Grundlage für die federführende Rolle von SS und Polizei in der zukünftigen antijüdischen Politik.

Auch innerhalb der SS zeigt sich eine enge Verbindung zwischen dem Jahr 1938 und dem Holocaust. Einige SS-Männer bewiesen bei den Novemberpogromen eine besondere Gewaltbereitschaft. Die Vorstellung, dass man in der SS über die Pogrome entsetzt gewesen sei, weil man einen «Antisemitismus der Vernunft», ein Morden ohne Öffentlichkeit, eine «Endlösung» ohne Geräusch bevorzugte, entspricht nicht der Realität. So empfahl sich der Gauleiter von Wien, Odilo Globocnik (1904–1945), durch besondere Gewaltexzesse für spätere Mordtaten. Globocnik musste zwar zunächst einen Rückschlag in seiner Karriere hinnehmen – wegen organisatorischer Unfähigkeit und korrupten Verhaltens wurde er im Januar 1939 entlassen –, aber nach einer Bewährungsphase bei diversen Einheiten der Waffen-SS konnte er sich schon vor dem Polenfeldzug wieder auf die Rückendeckung Himmlers verlassen. Am 9. November 1939 ernannte dieser ihn zum SS- und Polizeiführer des Distrikts Lublin im sogenannten Generalgouvernement. Und hier war Globocnik als Leiter der «Aktion Reinhardt» für die Ermordung von über einer Million Juden in den Vernichtungslagern Majdanek, Belzec, Sobibor und Treblinka verantwortlich.

Der Jurist Werner Best (1903–1989), seit 1934 Stellvertreter Heydrichs im Reichssicherheitshauptamt (RSHA), war zunächst maßgeblich an der «Polenaktion» im Oktober 1938 beteiligt – der gewaltsamen Ausweisung von Tausenden polnischen Juden, die Anlass für die Verzweiflungstat Herschel Grynszpans war. Als jedoch die Novemberpogrome losbrachen, schien Best davon erst einmal überrascht. Er gehörte zu denjenigen nationalsozialistischen Vordenkern und Organisatoren, die solche chaotischen Formen der Gewalt tatsächlich nicht schätzten. Aber die Gunst der Stunde wusste Best trotzdem zu nutzen. Auf ihn ging die Festnahme vieler wohlhabender Juden durch die Sicherheitspolizei zurück. Die Grundlage dafür bildete eine von ihm schon früher angelegte «Judenkartei». Später war Best für die Organisation der sechs im Polenfeldzug mordenden Einsatzgruppen zuständig. Sie wurden von ihm persönlich instruiert, hart vorzugehen. Bis Juni 1941 töteten die Einsatzgruppen in Polen weit über 11 000 Menschen – die genaue Zahl ist bis heute nicht geklärt. Da Best Mitte 1940 mit Heydrich in Streit geriet, verließ er das RSHA. Er verstand es nach dem Zweiten Weltkrieg, dieses Zerwürfnis und seine angebliche Rolle bei der Rettung der Juden Dänemarks als Gründe für seine Entlastung wirksam zu machen. Mit viel Erfolg beeinflusste er die sogenannten NSG-Verfahren – Verfahren wegen nationalsozialistischer Gewaltverbrechen – und die entsprechende Gesetzgebung der Bundesrepublik und behinderte die Strafverfolgung von NS-Verbrechern. Als Best am 23. Juni 1989 verstarb, war er trotz schwerster NS-Verbrechen niemals von einem bundesrepublikanischen Gericht zur Rechenschaft gezogen worden.

Weniger bekannt als Best und Globocnik ist der ebenfalls maßgeblich am Holocaust beteiligte SS-Sturmbannführer Hermann Höfle (1911–1962). Wegen seiner besonderen Leistungen beim Novemberpogrom 1938 empfahl Eichmann ihn als Mitarbeiter für Globocnik. Zu Höfles Aufgaben in Lublin gehörten die Verwaltung von Zwangsarbeitslagern, der Aufbau des SS-Ausbildungslagers Trawniki und die Einrichtung von SS- und Polizeistützpunkten. Im Zuge der «Aktion Reinhardt» wurde Höfle Globocniks Judenreferent. Über die im Rahmen dieser «Aktion» Ermordeten gibt ein Funkspruch Auskunft, den Höfle am 11. Januar 1943 an das RSHA sandte. Er wurde vom britischen Geheimdienst abgefangen und entschlüsselt. Als Betreff nennt das sogenannte «Höfle-Telegramm»: «14-tägige Meldung Einsatz Reinhart». Es folgen Daten, Buchstaben und Zahlen:

Zugang bis 31.12.42

L [Lublin/Majdanek] 12 761, B [Belzec] 0, S [Sobibor] 515, T [Treblinka] 10 335 zusammen 23 611.

Stand.... 31.12.42

L [Lublin/Majdanek] 24 733, B [Belzec] 434 508, S [Sobibor] 101 370, T [Treblinka] 71 355 [tatsächlich: 713 555] zusammen 1 274 166.

Das im Jahr 2001 öffentlich zugänglich gemachte Höfle-Telegramm gibt die von der Forschung bestätigte Zahl der bei der «Aktion Reinhardt» bis Ende 1942 ermordeten Juden an: 1 274 166.

Auch nach der Versetzung Globocniks nach Triest blieb Höfle in Lublin. Insbesondere seine Teilnahme an der «Aktion Erntefest» gilt als gesichert. Am 3. November 1943 wurden dabei in den Lagern Majdanek, Poniatowa und Trawniki mehr als 43 000 jüdische Männer, Frauen und Kinder ermordet. Höfle war vom November 1938 bis zum November 1943 ununterbrochen an der Beraubung, Verfolgung und Ermordung von Juden beteiligt. Seine Biographie ist wie die vieler weiterer NS-Täter geprägt von einer kontinuierlichen Beteiligung an der antijüdischen Verfolgung, die sich zunehmend radikalisierte. Keiner dieser Radikalisierungsschritte erfolgte zwangsläufig oder gleichsam automatisch.

Gedenktag 9. November

Der 9. November war schon vor 1938 ein für die deutsche Geschichte bedeutsames Datum. Er stand für das Ende des Kaiserreichs und der Monarchie: Am 9. November 1918 wurde die deutsche Republik ausgerufen. Eine verbreitete, stark antidemokratische, nationalistische Sichtweise verband damit den «Verrat von Versailles», die verhasste Weimarer Republik und die Dolchstoßlegende; das unbesiegte Reich sei an dem Tag von Demokraten und Juden an die Feinde verraten worden. Das NS-Regime wiederum zelebrierte am 9. November den sogenannten Reichstrauertag zum Andenken an die Opfer des gescheiterten Hitler-Putschs von 1923.

Bereits im November 1939 wurde im jüdischen Exil an die Pogrome erinnert. Und in den unmittelbaren Nachkriegsjahren beging man den 9. November in den verschiedenen Besatzungszonen unter der Parole «Nie wieder!» als «Absage an Diktatur, Faschismus, Krieg und Völkermord». Die alliierte Militärverwaltung begann schon im März 1946 damit, an die zerstörten Synagogen zu erinnern – in Frankfurt am Main etwa durch ein Schild mit der Aufschrift: «Hier stand die Börneplatz-Synagoge, welche von Nazi-Verbrechern am 9. November 1938 zerstört wurde.» Vielerorts wurden Gedenkveranstaltungen abgehalten. Es sprachen Prominente, die im Widerstand aktiv gewesen waren oder das Konzentrationslager überlebt hatten. Zentralisierte, über die einzelnen Besatzungszonen hinausreichende Gedenkveranstaltungen gab es damals noch nicht. Kennzeichnend für diese ersten Jahre war ein weitgefasster, pluralisierter Opferbegriff. Die verfolgten Juden waren darin nur eine Opfergruppe unter vielen. Pauschal bezog man auch gerne «die Deutschen» in die Kategorie der Opfer mit ein. Der im Zusammenhang mit dem Attentat gegen Hitler vom 20. Juli 1944 verhaftete Theodor Steltzer etwa brachte dies bei einer Gedächtnisveranstaltung in Rendsburg am 9. November 1945 auf den Punkt: Nach der Aufzählung diverser Opfergruppen, den toten Opfern des Faschismus, endete er, indem er zu den «lebenden Opfern» auch gleich «das ganze deutsche Volk» hinzuzählte.

Zum zentralen Gedenktag des «Nachkriegs-Antifaschismus» wurde allerdings nicht der 9. November, die Reichskristallnacht, sondern der an die Widerstandskämpfer und Verfolgten erinnernde «Tag der Opfer des Faschismus», bald nur noch «OdF-Tag» genannt. Der Gedenktag etablierte sich 1945 und fand bis zur Gründung der beiden deutschen Staaten 1949 immer am zweiten Sonntag im September statt. An der ersten Veranstaltung am 9. September 1945 in Berlin nahmen rund 90 000 Menschen teil. Initiiert und organisiert wurde der Gedenktag von den Vorläuferorganisationen der «Vereinigung der Verfolgten des Naziregimes», die sich im März 1947 zu der besatzungszonenübergreifenden Organisation zusammenschlossen.

1948, am 10. Jahrestag, wurde zonenübergreifend bei mehreren Dutzend Feierlichkeiten der Novemberpogrome gedacht. Zeitungen und Radiosender berichteten gleichzeitig über die Verfolgung der Juden. Doch schon früh wurde in der Sowjetischen Besatzungszone eine Konkurrenz zwischen den Opfergruppen etabliert: Politisch Verfolgte wurden als antifaschistische Widerstandskämpfer geehrt und galten als «privilegierte» Opfer des Faschismus. Juden hingegen erschienen als «rassisch Verfolgte» nur als eine Art «sekundäre» Opfer. Der Antikommunismus, nicht der Antisemitismus, wurde als Hauptmerkmal der bekämpften NS-Ideologie angesehen. So wies etwa das Amt für Verfolgte im Oktober 1945 Entschädigungsanträge von Leipziger Juden ab (sie hatten vor Wintereinbruch um Pelze als Entschädigung für die ihnen geraubten Werte gebeten), da Juden nicht als «antifaschistisch» zu bezeichnen seien. Juden galten hinfort als passive Opfer des Nationalsozialismus und waren der neuen Opferhierarchie entsprechend nicht besonders angesehen. Selbstverständlich war der Antisemitismus 1945 weder im Osten noch im Westen einfach verschwunden. Er suchte sich aber meist diskretere Wege, um sich auszudrücken.

Daher ist es sicher kein Zufall, dass es letztlich vor allem die kleinen wiedergegründeten jüdischen Gemeinden waren, die aktiv an die Novemberpogrome erinnerten. Doch auch die Zeitungen, die nach und nach wieder ihre Lizenzen erhielten, brachten Artikel zur «Kristallnacht». Bereits am 9. November 1945 erschien auf der Titelseite der *Frankfurter Rundschau* ein Artikel des Oberrabbiners Leopold Neuhaus, der im Juli 1945 aus Theresienstadt zurückgekehrt war. Neuhaus schrieb: «In memoriam – 9. November 1938! Ihr deutschen Menschen, die ihr abrücket von diesen Schändern des deutschen Namens: An jedem 9. November haltet für eine Weile den Atem an, in memoriam dessen, was nie wiedergutzumachen ist!» Zur vorerst nur partiellen und vor allem von den kleinen jüdischen Nachkriegsgemeinden geprägten Erinnerung passt auch, dass sich die Zeitungen in der zweiten Hälfte der vierziger Jahre noch weitaus öfter mit dem 9. November 1918 auseinandersetzten.

Nach den beiden Staatsgründungen 1949 bildeten sich schon in den frühen Jahren jeweils sehr unterschiedliche Arten des Erinnerns heraus. In der Bundesrepublik sollten Gedenktage zur deutschen Teilung, zur teilstaatlichen Identität und schließlich zu den beiden Weltkriegen und der NS-Herrschaft das öffentliche Erinnern bestimmen. In der DDR dominierte das Gedenken an den antifaschistischen Widerstand, dabei wurden Millionen jüdischer Opfer ignoriert. Der Kalte Krieg beeinflusste die geschichtspolitischen Entwicklungen erheblich.

Der Umgang mit dem Gedenktag für die «Opfer des Faschismus» in den beiden deutschen Staaten zeigt diese Entwicklungen geradezu exemplarisch. In der DDR wurde der Gedenktag umbenannt und behielt bis 1989 seine außerordentliche Bedeutung als Ausdruck des antifaschistischen Selbstverständnisses der sozialistischen Republik. Im Westen hingegen fand dieser Gedenktag keine größere Beachtung mehr und wurde schließlich abgeschafft. Zu nah stand er den politischen Zielen der Vereinigung der Verfolgten des Naziregimes und diese wiederum der KPD. Während des Kalten Krieges war dies Grund genug, sich anderen Gedenktagen zuzuwenden. So wurde beispielsweise 1950 bundesweit der Volkstrauertag wiedereingeführt, der quasi unterschiedslos an alle «Opfer beider Weltkriege, die Millionen ermordeter Juden und andere rassisch Verfolgte» und auch noch an die DDR-Opfer erinnerte. Die jährliche Feierstunde im Plenarsaal des Bundestags richtete der Volksbund Deutsche Kriegsgräberfürsorge aus. Ab 1951 fanden die Gedenkfeierlichkeiten zum 20. Juli in Berlin statt, meist in Plötzensee oder direkt im Bendlerblock, später auch in Bonn. Dabei beschränkten sich die öffentlichen Reden ausschließlich auf die Ereignisse vom 20. Juli 1944 und thematisierten nicht den deutschen Widerstand insgesamt, was allerdings zu Kontroversen führte. Die Erinnerung an den Holocaust blieb also weiterhin marginal. Seit 1952 wird jährlich bis heute die Woche der Brüderlichkeit zelebriert, initiiert und organisiert vom Deutschen Koordinierungsrat der Gesellschaften für Christlich-Jüdische Zusammenarbeit. Diese waren nach dem Krieg nach amerikanischem Vorbild gegründet worden und spielten fortan eine bedeutende Rolle in der Auseinandersetzung mit dem Nationalsozialismus und der Judenverfolgung.

In der großen Linie der Gedenktagsentwicklungen im Westen zeigt sich jedoch, dass die Abschaffung des OdF-Tags zu einem Bedeutungszuwachs des 9. Novembers führte. Denn bereits seit Ende der fünfziger Jahre etablierte sich nach und nach eine öffentliche Form der Erinnerung an die Verbrechen der Reichskristallnacht – eine für die BRD außergewöhnliche Entwicklung in jenen frühen Jahren angesichts der vergangenheitspolitischen Stimmung in der oft sogenannten Zeit des Schweigens über die nationalsozialistische Vergangenheit.

In den siebziger Jahren wurden in der Bundesrepublik die Gedenktage, die sich auf die NS-Zeit bezogen, zunehmend unpopulär. Der 8. Mai 1945, der 20. Juli 1944 und der 9. November 1938 schienen sich für viele Bürger als Nationalfeiertage nicht mehr zu eignen. Man wollte Kapitulation, Widerstand und Massenverbrechen nicht mehr im Zentrum dessen sehen, was heute so vornehm «Erinnerungskultur» genannt wird. Das spiegelte sich in einer parlamentarischen Auseinandersetzung wider. Die sozialliberale Regierung unter Willy Brandt schlug 1970 im Zuge der neuen Ostpolitik vor, den 8. Mai mit einer parlamentarischen Gedenkfeier zu begehen. Die Reaktion der CDU/CSU-Fraktion lautete: «Niederlagen feiert man nicht.» Nicht Nationalfeiertag, doch zumindest gesetzlicher Feiertag wurde dann der 17. Juni, der endlich positive Bezüge schuf, nämlich auf die Einheits- und Freiheitsbewegung des Vormärz. Als «Tag der deutschen Einheit» erinnerte er an den Widerstand gegen die totalitäre DDR-Regierung, den Aufstand vom 17. Juni 1953. Die DDR hingegen zelebrierte den 8. Mai ungebrochen als Siegesdatum, im Bewusstsein, dass sie an der Seite der sowjetischen Roten Armee den antifaschistischen Kampf gewonnen hatte.

Im Westen bedeutete die Ausstrahlung des vierteiligen Fernsehfilms «Holocaust – Die Geschichte der Familie Weiss» im Jahr 1979 einen Einschnitt. Der Film wurde breit diskutiert und löste starke Reaktionen aus.

Eine deutliche Änderung der Situation ergab sich dann im Laufe der achtziger Jahre. An gleich fünf Jahrestagen wurden in diesem Jahrzehnt zentrale Ereignisse der NS-Zeit öffentlich thematisiert: am 30. Januar 1983 der 50. Jahrestag der Machtübernahme durch die Nationalsozialisten, am 20. Juli 1984 der 40. Jahrestag des Attentats auf Hitler, am 8. Mai 1985 der 40. Jahrestag des Kriegsendes, am 9. November 1988 der 50. Jahrestag der Novemberpogrome und am 1. September 1989 der 50. Jahrestag des Überfalls auf Polen. Begangen wurden die Jahrestage mit Gedenkstunden, öffentlichen Reden und Veranstaltungen, und sie waren von einer breiten Rezeption in Funk und Fernsehen begleitet. Die öffentliche Wirkung und Resonanz zeigten sich auch an den heftigen Debatten, die einige Reden auslösten. So wurde die Rede des damaligen Bundespräsidenten Richard von Weizsäcker am 8. Mai 1985 anlässlich des 40. Jahrestags der deutschen Kapitulation ausgesprochen positiv rezipiert. Bundestagspräsident Philipp Jenninger hingegen musste 1988 nach seiner rhetorisch verunglückten Rede zum 9. November zurücktreten.

Die lokalgeschichtliche Bedeutung und das Ausmaß der Novemberpogrome blieben in der Bundesrepublik über Jahrzehnte hinweg unerforscht. Auch wurde in den ländlichen Regionen, wo die Attacken besonders massiv waren, den Opfern nicht gedacht. Gleichwohl fand seit Ende der fünfziger Jahre an diesem Gedenktag eine öffentliche Vergangenheitsaufarbeitung statt; man setzte sich mit Gewissensfragen, Schuld und Verantwortung auseinander. Und weil das Datum auf ein öffentliches Verbrechen verwies, nicht auf ein irgendwo im «Osten» geschehenes Unrecht, war auch ein gewisser Stachel gesetzt. Am 9. November wurde in Westdeutschland beständig und mit zunehmender öffentlicher Resonanz an das jüdische Leid im «Dritten Reich» erinnert. Die Novemberpogrome repräsentierten dabei auch das Gesamtverbrechen an den Juden Europas, mit anderen Worten, die «Kristallnacht» stand irgendwie für «Auschwitz». Auschwitz war damit zwar präsent, aber doch auf sehr abstrakte Weise. Dies deutet darauf hin, dass mit dem Gedenken noch keine differenzierte Auseinandersetzung mit dem Massenmord an den europäischen Juden verbunden war.

Im Gegensatz zur Bundesrepublik, die sich schwertat, Gedenktage und nationale Feiertage einzuführen, durchzog in der DDR ein wahrer Feiertags- und Gedenktagsreigen das Jahr.

Kein sozialistischer Gründungsakt und keine antifaschistische Heldentat sollten der Öffentlichkeit entgehen. Nicht einer dieser Gedenktage wurde nach der Wiedervereinigung für die vereinte Republik übernommen. Der «Tag der Opfer des Faschismus» wurde nach der Staatsgründung der DDR als Gedenktag mit neuer Namensgebung beibehalten. Von nun an firmierte er unter dem ideologischen sperrigen Titel: «Internationaler Gedenktag für die Opfer des faschistischen Terrors und Kampftag gegen Faschismus und imperialistischen Krieg». Es ist kein Zufall, dass ein Gedenken an die jüdischen Opfer an diesem Tag nicht vorgesehen war. Während die kleinen jüdischen Gemeinden weiterhin am 9. November an die Pogrome erinnerten, erinnerte der sozialistische Staat stattdessen an den Beginn der Revolution von 1918. Das antifaschistische Selbstverständnis der DDR und die damit einhergehende Trennung und Hierarchisierung von politisch und rassisch Verfolgten schlossen konsequent jegliche Auseinandersetzung mit Schuld und Verantwortung aus. Entschädigungsansprüche von Juden wurden strikt abgelehnt, Wiedergutmachungsleistungen verweigert. Die jüdischen Gemeinden erhielten lediglich kleine Almosen.

Erst gegen Ende der siebziger Jahre wurde auch in der DDR der Novemberpogrome gedacht, etwa 1978 anlässlich des 40. Jahrestags. Staat, Partei und Kirchen beteiligten sich, vor allem die verschiedenen kirchlichen Oppositionsgruppierungen richteten Gedenkfeierlichkeiten aus. Fünf Jahre später, 1983, steigerte sich das Interesse der SED-Funktionäre am 9. November noch. Aber erst mit der existentiellen Krise der DDR entdeckte die Staatsführung den Gedenktag wirklich für sich. Im Glauben, dadurch das Verhältnis zum Westen verbessern zu können, bemühte man sich 1988, den 50. Jahrestag der Novemberpogrome mit internationalen Gästen zu begehen.

Nach dem Fall der Berliner Mauer wurde die Erinnerung an den 9. November 1938 ausgerechnet durch dieses Ereignis in den Schatten gestellt. Zwar bestimmte der Einigungsvertrag den 3. Oktober als neuen Tag der Deutschen Einheit, aber in den deutschen Medien erschien trotzdem am 9. November oft nicht die «Reichskristallnacht» als das zentrale historische Ereignis, sondern der Fall der Mauer vom 9. auf den 10. November 1989. Was im November 1938 geschah, bildet jedoch jenseits aller erinnerungspolitischen Konjunkturen und vergangenheitspolitischen Interessen eine Zäsur in der deutschen und in der jüdischen Geschichte.

Dank

Ohne die umfangreiche Recherchearbeit von Dagi Knellessen (Berlin) hätte ich dieses Buch nicht schreiben können. Sie hat für mich in zahlreichen Archiven Quellen recherchiert und in Bibliotheken insbesondere auch die umfangreiche regionale Literatur zu dem Thema zusammengestellt. Für ihre große Hilfe bei dem gesamten Projekt, die immer angenehme Zusammenarbeit und ihre hilfreiche Kritik zu allen Kapiteln bin ich ihr zu ganz besonderem Dank verpflichtet.

Den Untertitel dieses Buches, «Die Katastrophe vor der Katastrophe», habe ich von einem 1991 erschienenen Artikel von Dan Diner (Leipzig, Jerusalem) übernommen. Es freut mich, dass er damit einverstanden war; der Titel drückt vieles von dem aus, was mich bei der Arbeit an diesem Buch beschäftigte.

Danken möchte ich Sabine Grimm, die das Lektorat mit der ihr eigenen großen sprachlichen und fachlichen Sorgfalt übernommen hat. Werner Renz und Werner Konitzer vom Fritz Bauer Institut haben viele Teile gelesen und mich auf Fehler hingewiesen oder auf interessante Perspektiven der Darstellung gebracht. Danken will ich auch Andrea Büttner. Christine Wern hat mir in der Bibliothek des Jüdischen Museums Frankfurt am Main immer wieder Literatur beschafft. Ich danke Alan Steinweis (Burlington, Vermont), der mit mir im Sommer 2011 als Gastprofessor am Fritz Bauer Institut ein Hauptseminar über die «Reichskristallnacht» abgehalten hat. Von ihm und von unseren Studierenden an der Goethe-Universität habe ich vieles lernen können. Sehr hilfreich war auch die Unterstützung durch unsere studentische Hilfskraft Martin Jost. Ich danke dem Fritz Bauer Institut, das die Recherchen zu diesem Buch finanziell unterstützt hat. Dem Fritz Bauer Institut, dem Jüdischen Museum in Frankfurt am Main, dem Leo Baeck Institut in London und allen ihren Mitarbeiterinnen und Mitarbeitern gilt mein Dank dafür, dass sie es mir ermöglichten, neben meinen institutionellen Aufgaben zu schreiben. Stellvertretend möchte ich auch dem Kulturdezernenten der Stadt Frankfurt am Main und Vorsitzenden des Stiftungsrates des Fritz Bauer Instituts, Prof. Dr. Felix Semmelroth, sowie dem Vorsitzenden des akademischen Beirats, Prof. Dr. Joachim Rückert, für ihre Unterstützung danken.

Wolfgang Beck und Detlev Felken vom C. H. Beck Verlag danke ich für die Anregung zu diesem Buch und die Aufnahme in ihre Reihe «Wissen». Mein Dank gilt auch der für das Projekt zuständigen Lektorin Christiane Schmidt für die sehr gute Zusammenarbeit.

Die erste Skizze zu diesem Buch habe ich in London mit dem britischen Historiker John A. S. Grenville (1928–2011) diskutiert. Er hat mich in London immer unterstützt und mir in zahlreichen E-Mails noch bis kurz vor seinem Tod geschrieben, was ich alles beachten sollte, wenn ich über die Reichskristallnacht schreibe, die er als Kind in Berlin miterlebt hatte. Von ihm stammte auch die Idee, dass ich mich um die Herausgabe der umfangreichen Sammlung von Augenzeugenberichten der Wiener Library über das Novemberpogrom 1938 kümmern sollte, ein Projekt, welches wiederum am Anfang dieses Buches stand. John A. S. Grenville ist es gewidmet.

Chronologie

1933

Anfang März	Antijüdische Übergriffe, Demonstrationen und Boykottaufrufe in nahezu allen Regionen des Deutschen Reichs.
1. April	Aprilboykott; organisierte landesweite Boykottaktion des NS-Regimes gegen «jüdische Geschäfte».
7. April	«Gesetz zur Wiederherstellung des Berufsbeamtentums»; der darin enthaltene «Arierparagraph» bildet die Rechtsgrundlage zum Berufsverbot für jüdische Beamte.

1935

Jan.–August	Zweite Welle öffentlicher antisemitischer Gewalt in vielen auch ländlichen Regionen des Deutschen Reichs; im Juli/August massive Angriffe gegen Juden und jüdische Geschäfte auf dem Kurfürstendamm, Berlin.
15. September	Verabschiedung der «Nürnberger Gesetze».

1938

5. Januar	Heinrich Himmler, Reichsführer SS und Chef der deutschen Polizei, verfügt die Ausweisung sämtlicher Juden sowjetrussischer Staatsangehörigkeit aus dem Reich.
12. März	«Anschluss» Österreichs an das Deutsche Reich; antisemitische Angriffe, Plünderungen, öffentliche Demütigungen im ganzen Land; in Wien eine wahre Hetzjagd gegen Juden.
Mai/Juni	Massive antisemitische Ausschreitungen in der Reichshauptstadt Berlin.
13.–18. Juni	Juni-Aktion: 10 000 als «asozial» oder «arbeitsscheu» diffamierte Deutsche werden in Konzentrationslagern in «Schutzhaft» genommen, darunter 1 500 deutsche Juden.
6.–15. Juli	Flüchtlingskonferenz von Évian am Genfer See; Vertreter von 32 Nationen lehnen nahezu geschlossen die Aufnahme jüdischer Flüchtlinge ab.
30. September	Die Regierungschefs von Frankreich, Großbritannien, Italien und Deutschland unterzeichnen das Münchner

Abkommen, die Abtretung des Sudetenlandes an Nazi-Deutschland.

1. Oktober   Deutsche Truppen besetzen das Sudetenland; Nazi-Randalierer greifen in mehreren Städten Juden an, zerstören jüdische Geschäfte.

27. Oktober   Polenaktion: Verhaftung von 15 000–17 000 Juden polnischer Staatsangehörigkeit im Deutschen Reich; Deportation an die deutsch-polnische Grenze.

3. November   Der 17-jährige polnische Jude Herschel Feibel Grynszpan erfährt im Exil in Paris von der Ausweisung und Verschleppung seiner Familie aus Deutschland.

7. November   9.45 Uhr: Herschel Grynszpan schießt auf den Legationsrat Ernst Eduard vom Rath in der deutschen Botschaft in Paris und wird anschließend verhaftet.

7./8. Nov.   Am Abend des 7. setzen erste schwere antisemitische Ausschreitungen in Kassel, Bebra, Sontra, Fulda, Baumbach und Rotenburg ein; in der nächsten Nacht weiten sich die Pogrome im gesamten Gau Kurhessen und im Gau Magdeburg-Anhalt aus; erstes Todesopfer in Felsberg/Nordhessen.

8. November   Goebbels startet seinen Propagandafeldzug gegen die deutschen Juden: Das Attentat wird als Anschlag des «Weltjudentums» gegen das Deutsche Reich gewertet.

9. November   16.30 Uhr: Vom Rath erliegt um 16.30 Uhr in Paris den Verletzungen des Attentats.

18 Uhr: Hitler erteilt Goebbels den Befehl zum reichsweiten Pogrom gegen die deutschen Juden auf der Münchner Parteiversammlung der NSDAP zur Erinnerung an den Hitler-Putsch 1923.

21.30 Uhr: Goebbels hält eine antisemitische Hetzrede und gibt Hitlers Anweisung an die 500 Mitglieder der NS-Elite weiter.

22.30 Uhr: Die Parteifunktionäre leiten den Pogrombefehl in alle Regionen Deutschlands.

23.59 Uhr: Erster Brandanschlag auf jüdisches Eigentum in München.

9./10. Nov.   Deutsche Juden werden geschlagen, gedemütigt, erpresst, getötet, Synagogen, jüdische Geschäfte und Wohnungen brennen; eine antijüdische Gewaltorgie durchzieht das gesamte Land. Am 10. setzt die Massenverhaftung von

Zehntausenden jüdischen Männern ein; sie werden in den Konzentrationslagern im Reich interniert.

10. November In den Morgenstunden geht der Befehl der NS-Führung zur Einstellung des Pogroms an die Gauleitungen.
Sämtliche jüdischen Organisationen und Gemeinden werden von der Gestapo geschlossen, alle jüdischen Zeitungen verboten. Die «Reichsvertretung der Deutschen Juden» wird zwangsweise umstrukturiert und der Gestapo unterstellt; Rabbiner Leo Baeck, der Präsident, steht unter Hausarrest.

12. November Besprechung im Reichsluftfahrtministerium unter Vorsitz von Hermann Göring zur Planung der antijüdischen Politik nach den Pogromen mit über hundert Teilnehmern, darunter hohe Beamte, Minister und Staatssekretäre des NS-Regimes. Noch am selben Tag werden antijüdische Gesetze und Maßnahmen erlassen und umgesetzt zur Entrechtung der deutschen Juden, zur wirtschaftlichen Ausplünderung und zur Forcierung der jüdischen Auswanderung.

Bilanz der Novemberpogrome: 1406 ausgebrannt und geplünderte Synagogen, mindestens 177 zerstörte Wohnhäuser und bis zu 7500 jüdische Geschäfte. 1300 bis 1500 Todesopfer. 30756 Verhaftungen und Internierungen jüdischer Männer in den Konzentrationslagern Dachau, Sachsenhausen und Buchenwald; etwa 1000 von ihnen kamen bis zum Kriegsbeginn im September 1939 ums Leben.

Herschel Grynszpan, der seit dem Attentat in Paris in französischer Haft war, fiel, nachdem die Nationalsozialisten im Juni 1940 Frankreich besetzt hatten, in die Hände der Deutschen. Nachdem er zunächst in Berlin inhaftiert war, wurde er in das KZ Sachsenhausen verlegt, dort verliert sich seine Spur. Der von Goebbels geplante propagandistische Schauprozess gegen Grynszpan kam nie zustande. Er wurde nie vor einem Gericht verurteilt.

Literatur

Weiterführende Literatur zu den Novemberpogromen 1938

Allen, William S., «Die deutsche Öffentlichkeit und die ‹Reichskristallnacht›. Konflikte zwischen Wertehierarchie und Propaganda im Dritten Reich», in: Detlev Peukert und Jürgen Reulecke (Hg.), *Die Reihen fest geschlossen. Beiträge zur Geschichte des Alltags unterm Nationalsozialismus*, Wuppertal 1981, S. 397–411.

Benz, Wolfgang, Claudia Curio und Andrea Hammel (Hg.), *Die Kindertransporte 1938/39*, Frankfurt a. M. 2003.

Benz, Wolfgang, «Emigration. Möglichkeiten und Grenzen jüdischer Flucht aus Deutschland», in: ders. und Angelika Königseder, (Hg.), *Judenfeindschaft als Paradigma*, Berlin 2002, S. 187–193.

Deutsche Bibliothek Frankfurt am Main unter Mitwirkung des Leo Baeck Instituts, New York (Hg.), *Die Jüdische Emigration aus Deutschland 1933–1941. Die Geschichte einer Austreibung*, Frankfurt a. M. 1985.

Diner, Dan, «Die Katastrophe vor der Katastrophe. Auswanderung ohne Einwanderung», in: *Zerbrochene Geschichte. Leben und Selbstverständnis der Juden in Deutschland*, hg. von Dirk Blasius und Dan Diner, Frankfurt a. M. 1991, S. 138–160.

Döscher, Hans-Jürgen, *«Reichskristallnacht». Die Novemberpogrome 1938*, korr. Auflage: Frankfurt a. M., Berlin 1990.

Freeden, Herbert, *Die jüdische Presse im Dritten Reich*, Frankfurt a. M. 1987.

Friedländer, Saul, *Das Dritte Reich und die Juden*, Bd. 1: *Die Jahre der Verfolgung 1933–1939*, München 1998.

Ders., *Das Dritte Reich und die Juden*, Bd. 2: *Die Jahre der Vernichtung 1939–1945*, München 2006.

Gerhardt, Uta, und Thomas Karlauf (Hg.), *Nie mehr zurück in dieses Land*, Berlin 2009.

Graml, Hermann, *Reichskristallnacht. Antisemitismus und Judenverfolgung im Dritten Reich*, München 1988.

Gruchmann, Lothar, *Justiz im Dritten Reich 1933–1940*, München 32001.

Hermann, Angela, «Hitler und sein Stoßtrupp in der ‹Reichskristallnacht›», in: *Vierteljahreshefte für Zeitgeschichte*, 56, 2008, S. 603–619.

Herskovits-Gutmann, Ruth, *Auswanderung vorläufig nicht möglich. Die Geschichte der Familie Herskovits aus Hannover*, Göttingen 2002.

Heusler, Andreas und Tobias Weger, *«Kristallnacht». Gewalt gegen die Münchner Juden im November 1938*, München 1998.

Stiftung Jüdisches Museum Berlin und Stiftung Haus der Geschichte der Bundesrepublik Deutchland (Hg.), *Heimat und Exil. Emigration der Deutschen Juden nach 1933*, Frankfurt a. M. 2006.

Kaul, Friedrich Karl, *Der Fall des Herschel Grynszpan*, Berlin 1965.

Kellerhoff, Sven Felix, *«Kristallnacht». Das Novemberpogrom 1938 und die Verfolgung der Berliner Juden 1924 bis 1945*, Berlin 2008.

Kershaw, Ian, *Hitler 1936–1945*, Stuttgart 2000.

Kropat, Wolf-Arno, *«Reichskristallnacht». Der Judenpogrom vom 7. bis 10. November 1938 – Urheber, Täter, Hintergründe*, Wiesbaden 1997.

Marrus, Michael Robert, «The Strange Story of Herschel Grynszpan», in: *The American Scholar*, 57, 1, 1987/88, S. 69–79.

Obst, Dieter, *«Reichskristallnacht». Ursachen und Verlauf des antisemitischen Pogroms vom November 1938*, Frankfurt a. M. 1991.

Pehle, Walter H. (Hg.), *Der Judenpogrom 1938. Von der «Reichskristallnacht» zum Völkermord*, Frankfurt a. M. ⁹1999.

Rabinovici, Doron, *Instanzen der Ohnmacht. Wien 1938–1945. Der Weg zum Judenrat*, Frankfurt a. M. 2000.

Reichel, Peter, Harald Schmid und Peter Steinbach, *Der Nationalsozialismus. Die zweite Geschichte. Überwindung – Deutung – Erinnerung*, München 2009.

Roizen, Ron, «Herschel Grynszpan. The Fate of a Forgotten Assassin», in: *Holocaust and Genocide Studies*, 1, 2, 1986, S. 217–228.

Safrian, Hans, *Eichmann und seine Gehilfen*, Frankfurt a. M. ²1997.

Schiller, Dietmar, «Politische Gedenktage in Deutschland. Zum Verhältnis von öffentlicher Erinnerung und politischer Kultur», in: *Aus Politik und Zeitgeschichte*, B 25, 18.6.1993, S. 32–39.

Schmid, Harald, *Erinnern an den «Tag der Schuld». Das Novemberpogrom von 1938 in der deutschen Geschichtspolitik*, Hamburg 2001.

Schmid, Kurt und Robert Streibel, *Der Pogrom 1938. Judenverfolgung in Österreich und Deutschland*, Wien 1990.

Schwab, Gerald, *The Day the Holocaust Began. The Odyssey of Herschel Grynszpan*, New York u. a. 1990.

Steinbach, Peter, «Der 9. November in der Erinnerung der Bundesrepublik», in: *Deutschland Archiv. Zeitschrift für das Wiedervereinigte Deutschland*, 41, 5, 2008, S. 877–882.

Steinweis, Alan E., *Kristallnacht 1938. Ein deutscher Pogrom*, Stuttgart 2011.

Stiftung Topographie des Terrors (Hg.), *Die Novemberpogrome 1938. Versuch einer Bilanz*, Berlin 2009.

Thalmann, Rita und Emmanuel Feinermann, *Die Kristallnacht*, Frankfurt a. M. 1988.

Urner, Klaus, *Der Schweizer Hitler-Attentäter. Drei Studien zum Widerstand und seinen Grenzbereichen. Systemgebundener Widerstand, Einzeltäter und ihr Umfeld, Maurice Bavaud und Marcel Gerbohay*, Frauenfeld 1980.

Benutzte Quellen und Quellensammlungen

Adorno, Theodor. W., und Walter Benjamin, *Briefwechsel 1928–1940*, hg. von Henri Lonitz, Frankfurt a. M. 1994.

Arendt, Hannah, *Eichmann in Jerusalem. Ein Bericht von der Banalität des Bösen*, München ⁶2013 (dt. Erstausgabe 1964).

Barkow, Ben, Raphael Gross und Michael Lenarz (Hg.), *Novemberpogrom 1938. Die Augenzeugenberichte der Wiener Library, London*, Frankfurt a. M. 2008.

Diewerge, Wolfgang, *Anschlag gegen den Frieden. Ein Gelbbuch über «Grünspan» und seine Helfershelfer*, München 1939.

E. G. O. «Editorial», in: *Aufbau*, 1.12.1938.

Fröhlich, Elke (Hg. im Auftrag des Instituts für Zeitgeschichte mit Unterstützung des Staatlichen Archivdienstes Russlands), *Die Tagebücher von Joseph Goebbels*, Teil I, Bd. 6: *August 1938 – Juni 1939*, München 1998.

Grimm, Friedrich, *Der Grünspan Prozess*, Nürnberg 1942.

Ders. unter dem Pseudonym Pierre Dumoulin, *Laftaire Grynspan, un attentat contre France*, Paris 1942.

Grossman, Kurt R., «Herschel Gruenspan lebt!», in: *Aufbau*, 10.5.1957.

Gruner, Wolf (Bearb.), *Die Verfolgung und Ermordung der europäischen Juden durch das nationalsozialistische Deutschland 1933–1945*, Bd. 1: *Deutsches Reich 1933–1937*, hg. von Götz Aly, Wolf Gruner, Susanne Heim, Ulrich Herbert u. a., München 2008.

Haas, Alfred, «Die ‹Staats-Zeitung› auf neuem Wege», in: *Aufbau*, 1.12.1938.

Heiber, Helmut, «Der Fall Grünspan», in: *Vierteljahreshefte für Zeitgeschichte*, 5, 1957, S. 134–172.

Heiden, Konrad, *The New Inquisition*, New York 1939.

Heim, Susanne (Bearb.), *Die Verfolgung und Ermordung der europäischen Juden durch das nationalsozialistische Deutschland 1933–1945*, Bd. 2: *Deutsches Reich 1938 – August 1939*, hg. von Götz Aly, Susanne Heim, Ulrich Herbert u. a., München 2009.

Horkheimer, Max, *Briefwechsel 1937–1940. Gesammelte Schriften*, Bd. 16, hg. von Afred Schmidt und Gunzelin Schmid Noerr, Frankfurt a. M. 1995.

Lasker, Emanuel, «Jude wohin?», in: *Aufbau*, 1.1.1939.

Marcus, Wilhelm, «Der neue Bund», in: Aufbau, 15.2.1939.

Mendelsohn, John (Hg.), *The Holocaust. Selected Documents in Eighteen Volumes*, Bd. 5: *Jewish Emigration from 1933 to the Evian Conference of 1938*, New York 1982.

o. V., «Die Schmach», in: *Neuer Vorwärts. Sozialdemokratisches Wochenblatt*, 283, 20.11.1938.

o. V., «Unsere Stellungnahme zu den Nazipogromen», in: *Das andere Deutschland. Mitteilungsblatt*, 8, 1.12.1938.

W. C. H., «Der 10. November», in: *Aufbau*, 15.11.1939.

Personenregister